세균과 바이러스

미생물은 힘이 세!

사진출처

연합뉴스_ 108p / 공항 열 감지기 109p / 감염병 발생 대비 훈련

위키피디아_ 26p / 흑사병 피부(cdc) 45p / 열수 분출공(Jim Peaco_National Park Service), 해저 열수 분출공(P. Rona_NOAA)

통합교과 시리즈

미생물은 힘이 세! 세균과 바이러스

ⓒ 김희정, 2020

1판 1쇄 발행 2020년 2월 20일 | **1판 8쇄 발행** 2024년 1월 5일

글 김희정 | **그림** 이창우 | **감수** 서울과학교사모임
펴낸이 권준구 | **펴낸곳** (주)지학사
본부장 황홍규 | **편집장** 김지영 | **편집** 박보영 이지연 | **디자인** 이혜리
마케팅 송성만 손정빈 윤술옥 박주현 | **제작** 김현정 이진형 강석준 오지형
등록 2010년 1월 29일(제313-2010-24호) | **주소** 서울시 마포구 신촌로6길 5
전화 02.330.5263 | **팩스** 02.3141.4488 | **이메일** arbolbooks@jihak.co.kr
ISBN 979-11-6204-080-5 74400
ISBN 979-11-85786-82-7 74400(세트)
잘못된 책은 구입하신 곳에서 바꿔 드립니다.

 제조국 대한민국   **사용연령** 8세 이상
KC마크는 이 제품이 공통안전기준에 적합하였음을 의미합니다.

 아르볼은 '나무'를 뜻하는 스페인어. 어린이들의 마음에 담긴 씨앗을 알찬 열매로 맺게 하는 나무가 되겠습니다.

홈페이지 www.jihak.co.kr/arb/book | **포스트** post.naver.com/arbolbooks

펴냄 글

 ### 과학은 왜 어려울까?

- 생물, 지구과학, 물리, 화학 등 공부해야 할 범위가 넓다.
- 책이나 교과서를 볼 땐 이해할 것 같다가도 돌아서면 헷갈린다.
- 과학 현상이나 원리가 어려워서 이해가 안 된다.
- 과학 공부를 할 때 어려운 단어가 많이 나온다.

 ### 과학 공부, 쉽게 하려면 통합교과 시리즈를 펼치자!

통합교과란?

- 서로 다른 교과를 주제나 활동 중심으로 엮은 새로운 개념의 교과
- 하나의 주제를 **역사·개념·생활·환경·인체·직업** 등 다양한 영역에서 접근해 정보 전달 효과를 높임
- 문·이과 통합 교육 과정에 안성맞춤

이런 학생들에게 통합교과 시리즈를 추천합니다!

과학 교과를 처음 배우는 초등학교 **3학년**

과학이 지겹고 어렵게 느껴지는 **4학년**

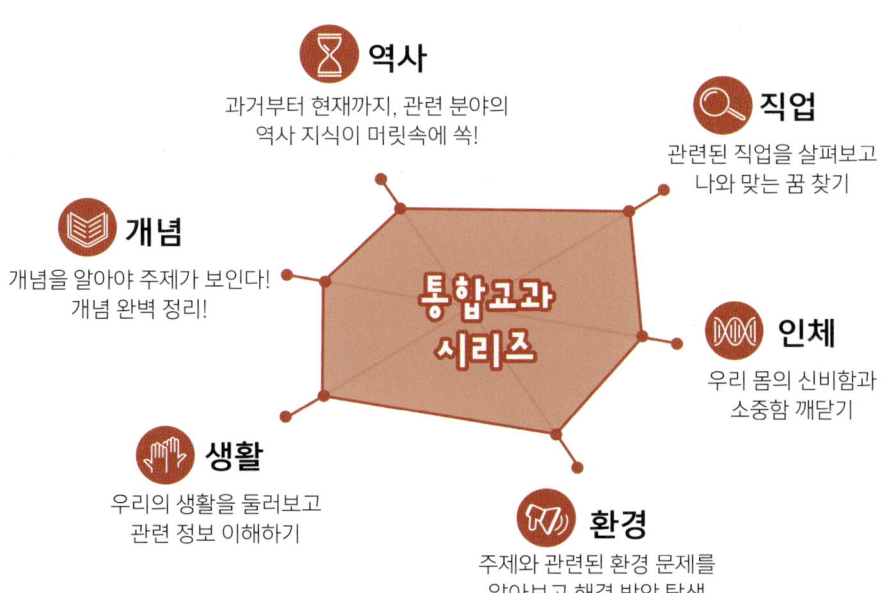

역사 — 과거부터 현재까지, 관련 분야의 역사 지식이 머릿속에 쏙!

직업 — 관련된 직업을 살펴보고 나와 맞는 꿈 찾기

개념 — 개념을 알아야 주제가 보인다! 개념 완벽 정리!

인체 — 우리 몸의 신비함과 소중함 깨닫기

생활 — 우리의 생활을 둘러보고 관련 정보 이해하기

환경 — 주제와 관련된 환경 문제를 알아보고 해결 방안 탐색

통합교과 시리즈

차례

1화
지구를 정복하라! **역사** 세균과 바이러스의 발견 10

- 16 옷감 장수 레이우엔훅의 세균 발견
- 18 눈에 보이지도 않는 세균이 사람을 죽인다고?
- 20 세균보다 더 작은 바이러스의 발견
- 22 백신을 발견한 제너
- 26 한 걸음 더 – 유럽을 죽음의 공포로 몰아넣은 흑사병

2화
개성 만점 세균들이 탄생하다! **개념** 세균의 진화 28

- 34 미생물 나라의 족보
- 35 미생물의 조상 – 세균
- 38 세균의 친척 – 원생생물과 균류
- 40 바이러스도 생명체일까?
- 44 한 걸음 더 – 평범한 삶을 거부하는 고세균

3화
미생물에게 포위됐다! **생활** 어디에나 있는 미생물 46

- 52 어둡고 축축한 곳을 좋아하는 균류
- 54 눈에 보이지 않는 요리사 – 발효
- 56 손이 닿는 모든 곳에 세균이?
- 60 한 걸음 더 – 병에 걸리지 않는 생활 속 예방법

4화

우리가 없으면 절대 안 돼! 〔환경〕 세균과 함께하는 생태계 62

- 68 만약 세균과 곰팡이가 없다면? – 분해자
- 70 산소와 오존층을 만든 세균
- 72 풍년을 선물한 뿌리혹박테리아
- 74 지구 온난화와 세균의 습격
- 78 한 걸음 더 – 우주에도 세균이 산다고?

5화

좋은 균, 나쁜 균, 이상한 균 〔인체〕 우리 몸속 세균 80

- 86 처음 만나는 세균
- 87 몸속 구석구석에 미생물이?!
- 89 내 몸은 내가 지킨다! – 면역 체계
- 91 세균 vs 바이러스, 그리고 약
- 96 한 걸음 더 – 인류를 구한 항생제 : 페니실린

6화

미생물과 함께 〔직업〕 미생물을 연구하는 사람들 98

- 104 미생물학자 – 미생물은 내 손에 있어!
- 106 신약 연구원 – 병균이 이길까, 약이 이길까?
- 108 감염 관리 전문가 – 감염병을 막아라!
- 112 한 걸음 더 – 우리나라를 휩쓸고 간 메르스

114 워크북 / 126 정답 및 해설 / 128 찾아보기

등장인물

동글이

세균 삼총사 중 첫째예요.
동그란 모양의 세균(구균)으로,
세균과 바이러스에 대해 많은 지식을
가지고 있는 척척박사예요.

길쭉이

세균 삼총사 중 둘째예요.
길쭉한 모양의 세균(간균)으로,
엉뚱하고 재미있는 농담을 자주 하여
주변 세균들을 웃게 해요.

꼬불이

세균 삼총사 중 막내예요.
꼬불꼬불한 모양의 세균(나선균)으로,
평소에 겁이 많고, 걱정도 많아서
동글이와 길쭉이에게 항상 의지해요.

곰이

어두운 옷장 속에 살던 곰팡이예요.
바깥세상이 너무 궁금했던 곰이는
엄마가 말리는데도 옷장을 탈출하여
세상을 구경해요.

팡이

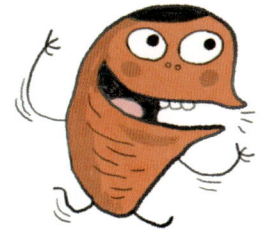

부엌에 살던 곰팡이예요.
집 안을 구경하던 곰이에게
다른 곰팡이 친구들을 소개해 줘요.

· 옷감 장수 레이우엔훅의 세균 발견
· 눈에 보이지도 않는 세균이 사람을 죽인다고?
· 세균보다 더 작은 바이러스의 발견
· 백신을 발견한 제너

한눈에 쏙 - 세균과 바이러스의 발견
한 걸음 더 - 유럽을 죽음의 공포로 몰아넣은 흑사병

옷감 장수 레이우엔훅의 세균 발견

"어어, 움직여! 움직인다고! 물방울 속에 뭔가가 있어!"

1673년 어느 날, 현미경을 들여다보고 있던 레이우엔훅(1632~1723년)이 갑자기 소리쳤어요. 레이우엔훅이 자신이 만든 현미경을 이용해 미생물을 발견한 거예요. 그는 어떻게 현미경을 만들게 되었을까요?

현미경을 만든 레이우엔훅

레이우엔훅은 원래 포목점에서 옷감을 팔던 사람이었어요. 그는 돋보기를 이용해 직물이 잘 짜여 있는지, 구멍은 없는지 등을 확인하며 옷감의 품질을 검사했지요.

시간이 갈수록 레이우엔훅은 점점 더 기능이 좋은 확대경을 갖고 싶었어요. 크게 확대해야 볼 수 있는, 아주 작은 것들로 이루어진 세상이 궁금했거든요. 그래서 그는 현미경을 연구하기 시작했어요.

레이우엔훅은 유리로 만든 렌즈를 이용하여 우리 눈에 보이지 않는 작은 것까지 관찰할 수 있는 현미경을 직접 만들었

얀센이 만든 최초의 현미경

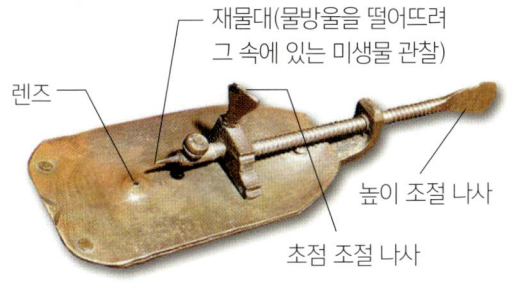

어요. 이 현미경을 이용하면 닭 털 한 가닥이 나뭇가지처럼 크게 보였어요. 레이우엔훅은 점점 현미경 속 세상에 빠져들었지요.

레이우엔훅은 이 현미경을 더욱 발전시켰고, 마침내 실제 크기보다 270배나 크게 확대할 수 있는 현미경을 만들었어요.

현미경을 통해 발견한 작은 동물

현미경으로 세상을 살펴보던 레이우엔훅은 눈에 보이지 않지만 살아 움직이는 생명체들이 우리 주변에 많다는 것을 깨달았어요. 그는 이것들을 가리켜 작은 동물(little animal)이라고 불렀지요.

레이우엔훅은 평생 현미경을 가지고 연구하면서 녹조류, 해캄, 효모 등 다양한 것들을 직접 관찰하여 그림으로 남겼어요. 이 발견은 눈에 보이지 않는 아주 작은 생물, 즉 '미생물' 연구의 기초가 되었답니다.

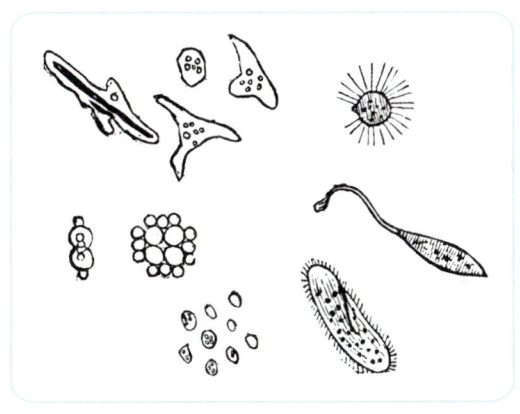

레이우엔훅이 관찰하여 그린 미생물들

레이우엔훅이 발견한 미생물은 대부분 한 개의 세포로 이루어진 단세포 생물이었어요. 사람들은 훗날 이 작은 단세포 생물을 세균 또는 박테리아(bacteria)라고 불렀어요.

세균의 위험성을 깨닫기까지

요즘 사람들은 세균이 우리 몸에 들어가 질병을 일으키거나, 전염*도 시킬 수 있다는 사실을 당연하게 생각해요. 하지만 19세기까지만 하더라도 사람들은 이 작은 세균이 질병의 원인이라는 사실을 몰랐어요. 이 때문에 많은 사람이 목숨을 잃었지요.

전할 전   옮길 염

1800년대 초반, 병원에서는 산모들이 아이를 낳다가 죽는 일이 잦았어요. 산모가 아이를 낳을 때 의사들이 소독하지 않은 의료 기구와 씻지 않은 손으로 의료 행위를 한 것이 주된 원인이었어요.

이런 와중에 병든 몸에서 미세한 생물체의 존재를 어렴풋이 확인한 몇몇 과학자들은 이런 질병이 세균 때문일 것이라고 의심했어요.

전염에 대해 알아낸 코흐와 파스퇴르

오랜 시간이 흘러, 탄저균과 결핵균을 연구하던 로베르트 코흐(1843~

★ **전염** 병이 남에게 옮음

1910년)는 병에 걸린 동물이나 사람의 피에서 뽑아낸 세균을 실험용 동물의 몸속에 넣으면, 건강한 동물도 병에 걸린다는 사실을 밝혀냈어요.

프랑스의 화학자 루이 파스퇴르(1822~1895년)는 미생물은 자연적으로 생겨나는 것이 아니라 우리를 둘러싼 공기를 통해 옮겨 갈 수 있다는 사실을 밝혀냈어요. 드디어 제대로 된 전염 이론의 기초를 마련한 것이지요. 연구를 계속한 파스퇴르는 음식이나 물에 열을 가하면 그 속에 있는 균이 죽어 전염병을 막을 수 있다는 사실도 알아냈어요. 이 발견은 이후 다양한 전염병을 연구하는 데 큰 도움이 되었어요.

파스퇴르의 백조목 플라스크 실험

파스퇴르는 수프를 플라스크에 넣고 플라스크의 입구에 열을 가하여 백조의 목처럼 S 자로 만들었어요. 그런 다음 플라스크를 가열하여 소독했어요. 이때 수증기로 날아간 물이 S 자 입구에 고여 외부 공기가 들어가지 못했지요. 그랬더니 놀랍게도 수프는 상하지 않았어요. 하지만 플라스크의 목을 깨서 놔두었더니 수프가 상했지요. 공기 중에 떠다니던 미생물이 수프에 들어간 거예요. 이 실험을 통해 이전까지 많은 사람이 믿었던 자연 발생설(세균 같은 생명체가 자연적으로 생긴다는 이론)이 잘못된 이론임이 밝혀졌답니다.

❶ 수프를 넣는다.
❷ 플라스크 입구를 S 자로 만든다.
❸ 플라스크를 가열하여 소독한다.
❹ 가열로 인해 입구에 물이 고여 외부 공기가 차단된다.
❺ 입구를 깨면 외부 공기에 있던 미생물이 수프에 닿아 수프가 상한다.

세균보다 더 작은 바이러스의 발견

세균이 많은 질병의 원인이 된다는 것이 알려지자 몇몇 과학자들은 대체 어떻게 생긴 세균이 특정한 질병을 일으키는지 알아내고 싶어졌어요. 질병에 걸린 사람의 피 같은 체액 속에서 병의 원인이 되는 세균을 분리하는 연구도 했지요.

세균을 거르는 여과기*

그러던 1884년, 프랑스의 미생물학자 찰스 챔버랜드(1851~1908년)가 세균보다 더 작은 구멍을 지닌 세균 여과기를 발명했어요. 그는 세균이 아무리 작아도 이 여과기를 통과할 수 없다고 생각했어요. 따라서 이 필터로 세상 모든 병의 원인균을 밝혀낼 수 있다고 믿었지요.

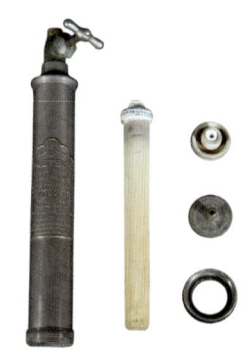

챔버랜드가 만든 세균 여과기

걸러지지 않는 물질은 무엇일까?

한편, 몇 년 뒤 러시아에선 식물학자 드미트리 이바노프스키(1864~1920년)가 담뱃잎에 생기는 담배 모자이크병을 연구하고 있었어요. 이 병에 걸린 담뱃잎은 잎사귀에 점을 찍은 것처럼 모자이크 무늬가 생기며 시들다 죽어 버렸어요. 이바노프스키는 식물에 생기는 병 역시 세균에 의해 옮은 것이라고 생각하고 챔버랜드가 발명

담배 모자이크병에 걸린 담뱃잎

★ **여과기** 작은 구멍을 가진 장치에 액체를 넣어서 액체 속의 물질을 분리하는 기구

한 세균 여과기를 이용해 보았어요. 그런데 이게 웬일! 세균 여과기를 사용했는데도 세균은 걸러지지 않았어요.

혹시나 하는 마음에 여과기에서 걸러져 나온 액체를 건강한 담뱃잎에 다시 발라 보았어요. 그랬더니 담뱃잎이 또다시 담배 모자이크병에 걸리고 만 것이지요.

여러 번 반복하여 실험했지만, 이바노프스키는 세균 여과기를 통과해 병을 일으키는 물질이 무엇인지 알 수 없었어요. 세균이 만들어 낸 독성이 남아 병을 계속 일으키는 것이라 추측할 뿐이었지요.

세균보다 더 작은 '바이러스'의 발견

이후에 이 물질이 무엇인지에 대해 계속 연구하던 네덜란드의 미생물학자 마르티뉘스 베이에링크(1851~1931년)는 병을 일으키는 세균보다 더 작은 물질이 있다는 것을 발견했어요. 그는 이 작은 물질을 액성 전염 물질(contagium vivum fluidum)이라고 불렀는데, 나중에 이 단어가 바이러스(virus)로 바뀌었지요.

이후 많은 과학자의 연구를 통해 세균과 바이러스의 차이점이 밝혀졌어요.

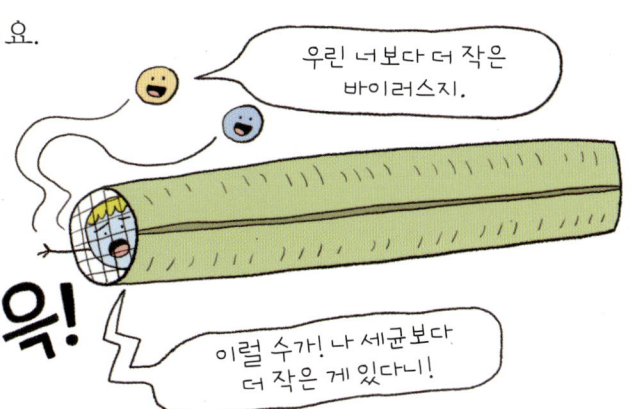

세균과 바이러스의 발견 • 21

백신을 발견한 제너

18세기, 1년에 40만 명이 넘는 사람들의 목숨을 앗아 간 병이지만 지금은 완전히 사라진 전염병이 있습니다. 바로 천연두이지요.

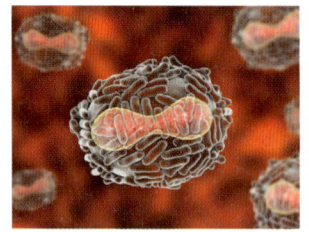

천연두에 걸리면 온몸에 수포*와 발진*이 생기며 고열에 시달렸어요. 심한 경우에는 목숨을 잃었고, 살아남는다고 해도 흉한 상처가 온몸에 남는 아주 고약한 병이었어요.

천연두 바이러스

천연두 치료는 천연두 바이러스로!

당시 의사들은 이 수포 안에 천연두 바이러스가 있을 거라고 생각은 했지만 치료법을 찾지 못했어요.

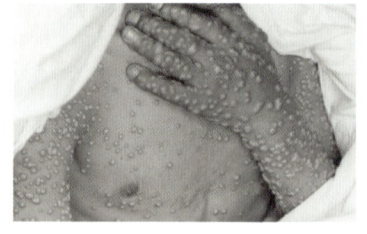

그러던 어느 날, 터키에 여행을 갔던 한 영국의 귀족 부인이 신기한 장면을 보았어요. 터키 사람들이 천연두에 걸린 환자의 수포를 바늘로 찔렀다가, 그 바늘로 자기 몸에 작은 상처를 내는 것이었어요. 그렇게 한 사람들은 천연두를 아주 약하게 앓을 뿐 다시는 천연두에 걸리지 않았지요. 수포 속에 들어 있던 천연두 바이러스에 약하게 감염되면, 약한 천연두에 걸리긴 해도 죽음에까지 이르는 심한 상황은 피할 수 있었던 거예요. 영국으로 돌아온 귀족 부인은 의사들에게 자기가 본 이 신기한 이야기를 전해 주었어요.

★ **수포** 피부에 액체가 차서 부풀어 오른 것으로, 물집이라고도 함
★ **발진** 피부나 점막에 돋아나는 작은 종기

종두법을 개발한 제너

영국의 의사 에드워드 제너(1749~1823년)는 천연두를 예방하기 위해 주변 사람들에게 이 방법을 사용했어요. 그런데 도리어 몇몇 사람은 예상보다 심한 천연두에 걸려 목숨이 위태로웠지요.

그러던 어느 날이었어요. 제너는 외양간에 사는 가난한 사람들이나 소와 가까운 곳에서 생활하는 사람들은 천연두에 걸리지 않는다는 사실을 깨달았어요. 가끔 우두(소의 천연두)에 걸리긴 했지만, 이 병은 사람의 천연두에 비해 심하지 않은 병이었어요. 제너는 우두 바이러스를 이용하면 천연두를 예방할 수 있을 거라고 생각했지요.

그래! 천연두에 걸리지 않는 사람들은 공통점이 있어!

제너는 천연두 바이러스 대신 우두 바이러스를 사람들의 몸에 넣기 시작했어요. 예상은 적중했어요! 우두 바이러스를 이용하자 사람들은 천연두의 위협에서 벗어날 수 있었어요.

이처럼 우두 바이러스를 사람에게 접종하여 천연두를 예방하는 방법을 '종두법'이라고 해요. 종두법은 전 유럽에 빠르게 퍼졌어요. 우리나라에는 1879년에 지석영이라는 한의학자를 통해 전해졌으며, 이로 인해 우리나라에서도 천연두를 물리칠 수 있었지요. 이렇게 병이 생기는 것을 막기 위해 독소를 제거하거나 약화시켜 몸속에 넣는 균(항원)을 '백신'이라고 해요.

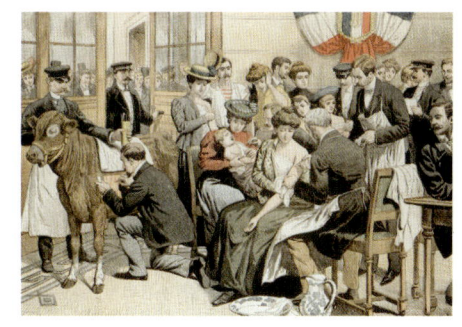
19세기 초, 우두 바이러스를 이용해 천연두 예방 접종을 하는 모습

세균과 바이러스의 발견

세균의 발견

- 옷감 장수 레이우엔훅이 현미경을 만듦 …▶ 우리 눈에 보이지 않는 작은 것까지 관찰함
- 레이우엔훅이 현미경을 계속 발전시켜 실제 크기보다 270배나 크게 확대할 수 있는 현미경을 만듦
- 레이우엔훅은 현미경을 통해 발견한 생물을 작은 동물이라고 부름 …▶ 미생물 연구의 기초가 됨

세균의 위험성

- 19세기까지만 해도 질병의 원인이 대부분 세균 때문이라는 사실을 몰라서 많은 사람이 목숨을 잃음
- 코흐 : 병에 걸린 동물이나 사람의 피에서 뽑아낸 세균을 실험용 동물 몸에 넣으면 병에 걸린다는 사실을 발견함
- 파스퇴르 : 미생물은 자연적으로 생겨나는 것이 아니라 공기를 통해 옮겨 갈 수 있다는 점을 밝혀냄. 음식이나 물에 열을 가하면 그 속에 있는 균이 죽는다는 점도 알아냄(백조목 플라스크 실험) …▶ 전염병 연구의 기초가 됨

바이러스의 발견

- 챔버랜드 : 19세기 말, 세균 여과기를 발명함
- 이바노프스키 : 담배 모자이크병을 연구하던 중 세균 여과기로도 걸러지지 않는 물질이 있음을 알아냄
- 베이에링크 : 병을 일으키는 세균보다 더 작은 물질(바이러스)이 있다는 것을 밝혀냄

백신의 발견

- 백신 : 병이 생기는 것을 막기 위해 독소를 제거하거나 약화시켜 몸속에 넣는 균(항원)
- 천연두 : 온몸에 수포와 발진이 생기며 고열에 시달리다가 심한 경우에는 목숨을 잃는 전염병
- 종두법 : 18세기에 영국의 의사 에드워드 제너가 우두 바이러스를 이용하여 개발한 천연두 예방법
- 우리나라에는 1879년에 한의학자 지석영을 통해 보급됨

유럽을 죽음의 공포로 몰아넣은 흑사병

14세기 유럽, 흑사병이 유럽 전 지역을 장악했어요. 이 병은 걸리기만 하면 살덩이가 검게 썩어 들어가다가 목숨을 잃는 무시무시한 병이었지요. 흑사병은 페스트균 때문에 걸리는 병이라서 '페스트'라고도 불렀어요.

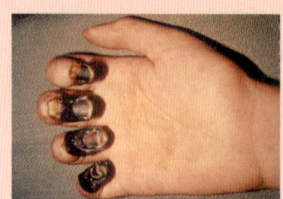

흑사병은 어떻게 퍼져 나갔을까?

흑사병은 원래 들쥐나 야생 다람쥐 사이에 돌던 전염병이었어요. 그런데 흑사병에 걸린 쥐의 몸에 살던 벼룩이 사람을 물어 페스트균을 옮기자 사람에게도 전염되기 시작했지요.

이렇게 사람에게서 발생한 흑사병은 강한 전염성 때문에 대략 1347~1352년 동안 유럽 인구의 약 1/3의 목숨을 앗아 갔답니다.

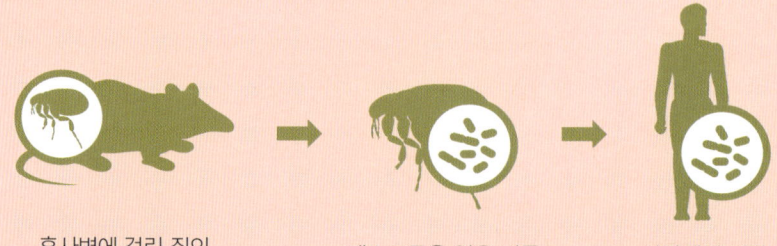

흑사병에 걸린 쥐의 몸에 살던 벼룩 → 페스트균을 얻은 벼룩 → 사람에게 전달

흑사병은 인류에 어떤 영향을 끼쳤을까?

흑사병은 전 세계 많은 사람의 목숨을 앗아 갔을 뿐만 아니라 사회의 많은 면에서 영향을 끼쳤어요.

많은 예술가가 죽고, 남아 있는 예술가들도 전염병이 무서워 숨어 지낼 수밖에 없었지요. 그러자 예술 활동은 급격히 줄어들었고, 이 시기에 살아남은 예술가들은 주로 흑사병에 걸린 도시의 모습을 그렸어요.

그뿐만이 아니었어요. 노동자들이 급격히 줄어들어 지주✽들이 몰락했고, 사회 계급에도 큰 변화를 가져왔어요. 수도원의 성직자도 절반 가까이 줄었지요. 이렇게 유럽 역사에 큰 변화를 가져왔던 흑사병은 19세기 말, 파스퇴르가 페스트균의 발병 원인과 치료법을 발견하면서 완전히 사라졌어요.

✽ **지주** 땅의 주인으로, 자신의 땅에서 노동자들에게 대신 농사를 짓게 하여 돈이나 농작물을 받음

중세 시대에 흑사병을 진료하던 의사의 모습이에요. 동그란 눈과 기다란 부리가 달린 마스크를 쓰고 다녔어요.

1446년경에 그려진 〈죽음의 승리〉라는 작품으로, 흑사병으로 인한 죽음을 상징하는 해골이 말을 타고 다니며 사람들에게 화살을 마구 날리는 모습이 표현되어 있어요.

- 미생물 나라의 족보
- 미생물의 조상 – 세균
- 세균의 친척 – 원생생물과 균류
- 바이러스도 생명체일까?

한눈에 쏙 – 세균의 진화
한 걸음 더 – 평범한 삶을 거부하는 고세균

미생물 나라의 족보

세균은 지구에 사람이 살기 훨씬 전부터, 심지어 공룡이 나타나기 훨씬 전부터 있었어요. 아마도 세균은 지구상에 맨 처음 살기 시작한 생명체일 거예요.

보이는 생물과 보이지 않는 생물

지구가 생겨난 지는 46억 년이나 되었지만, 사람들이 세균을 발견하고 연구하기 시작한 것은 얼마 되지 않았어요. 레이우엔훅이 처음으로 미생물의 존재를 발견한 이후에 활발한 연구가 시작되었지요. 과학자들은 새롭게 발견한 이 보이지도 않는 작은 생물에 이름을 붙이고 관찰했어요.

옛날 과학자들은 생물을 분류할 때 눈에 보이는 생물과 눈에 보이지 않는 미생물로 나누었어요. 그리고 각 생물을 비교하여 특징이 비슷한 것과 아닌 것을 나누었지요.

연구가 진행될수록 각 생물의 새로운 특징이 계속 발견되었어요. 따라서 생물을 분류하는 것도 점점 자세해졌지요. 미생물도 세균, 곰팡이, 바이러스처럼 다양하게 나뉘기 시작했어요. 미생물 나라에도 족보가 생긴 셈이지요!

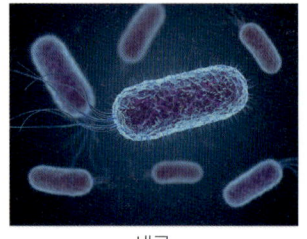
세균

곰팡이

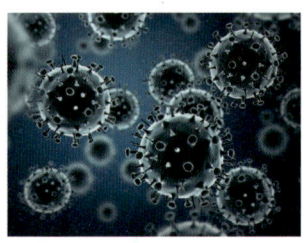
바이러스

미생물의 조상 – 세균

현대 과학에서 생물을 크게 둘로 나누는 기준은 바로 핵의 생김새예요. 핵의 모습에 따라 원핵생물과 진핵생물로 나눌 수 있거든요.

핵은 살아 있는 생명체의 세포에 있는 기관이에요. 핵 속에 있는 DNA에는 세포의 모든 정보가 들어 있어 세포의 활동을 조절하기도 해요.

핵막이 없는 원핵생물

동식물의 세포 속에 들어 있는 핵은 중요한 유전 정보를 보호하기 위해 핵막으로 둘러싸여 있어요. 그런데 미생물 중에는 유전자의 본체인 DNA가 막에 싸여 있지 않은 채 실타래처럼 들어 있는 것이 있지요.

과학자들은 지구에 제일 처음 나타난 생명체들은 이렇게 불완전한 모습이었다가, 시간이 흐르면서 점점 진화하여 지금 같은 핵의 모습이 되었을 것이라고 생각했어요.

과학자들은 핵이 없고 핵양체를 지닌 생물들에게 '원시적*인 핵을 가진 생물'이라는 뜻으로 원핵생물이라는 이름을 붙여 주었어요. 우리가 세균이라고 부르는 미생물들이 바로 원핵생물이에요.

세균은 30~40억 년 전쯤 가장 처음 지구에 나타나 가장 오랫동안 지구에 살고 있답니다.

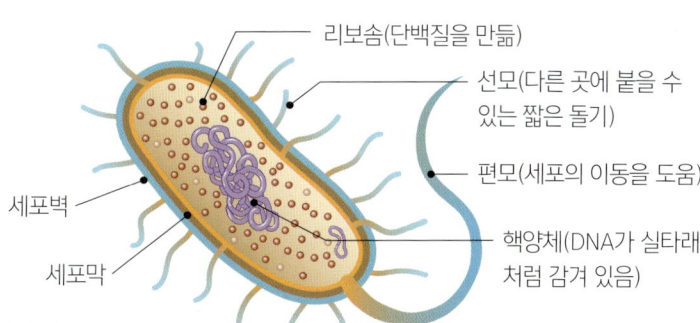

★ **원시적** 발달하지 않은, 처음 상태의 것

핵막이 있는 진핵생물

 세균이 지구에 나타나고 15억 년쯤 지나자 세균은 조금씩 다른 모습으로 바뀌기 시작했어요. 세포 속 핵양체는 스스로를 보호할 수 있도록 막을 만들었지요. 미생물은 진화하면서 더 안정적으로 유전 물질을 주고받고, 주변 환경에 강해졌어요. 이렇게 완전한 핵을 갖춘 세포를 지닌 생물을 진핵생물이라고 해요. '진짜 핵을 가진 생물'이라는 뜻이지요.

 진화하던 세균은 다양한 모습의 미생물을 거쳐 몸집이 큰 동식물까지 이르렀어요. 따지고 보면 지구에 사는 모든 생명체의 조상이 바로 세균인 셈이지요.

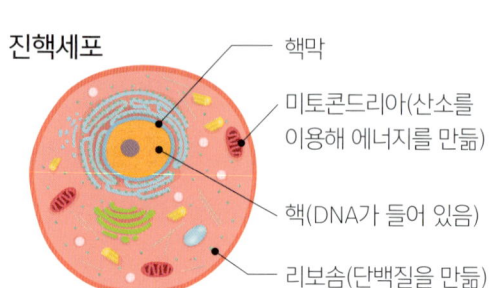

진핵세포 — 핵막 / 미토콘드리아(산소를 이용해 에너지를 만듦) / 핵(DNA가 들어 있음) / 리보솜(단백질을 만듦)

세균은 어떻게 진핵생물로 진화했을까?

 지구가 처음 생겼을 때 지구의 모습은 활활 타서 뜨겁고, 산소도 없어 생명체가 살기 힘든 땅이었어요. 그래서 처음에는 산소가 없어도 살 수 있는 세균만 살았지요.

 그러던 어느 날, 햇빛과 물을 이용해 산소를 만들어 내는 남세균(시아노박테리아)이 나타났어요. 그러자 지구에 산소가 생기고, 산소를 이용하는 세균들이 생겼으며, 세균의 수가 폭발적으로 늘어났지요.
 세균은 변하는 환경에 적응하기 위해 새로운 능력이 필요했어요. 그래서 서로에게 없는

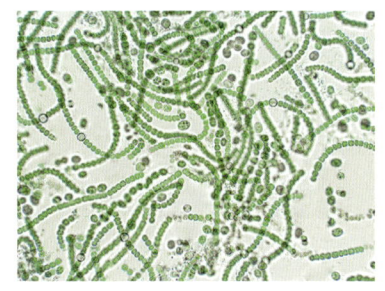

능력을 지닌 세균끼리 합쳐 더 강한 세균이 되었지요. 광합성을 하던 세균은 다른 세균 속에 들어가 산소를 만들어 내는 능력을 주었고, 산소를 이용할 줄 알았던 세균은 다른 세균 속에 들어가 산소로 에너지를 만들어 내는 미토콘드리아라는 기관이 되었어요. 이렇게 세균은 오랜 시간 동안 서로 먹고 먹히면서 진핵생물의 모습으로 진화했답니다.

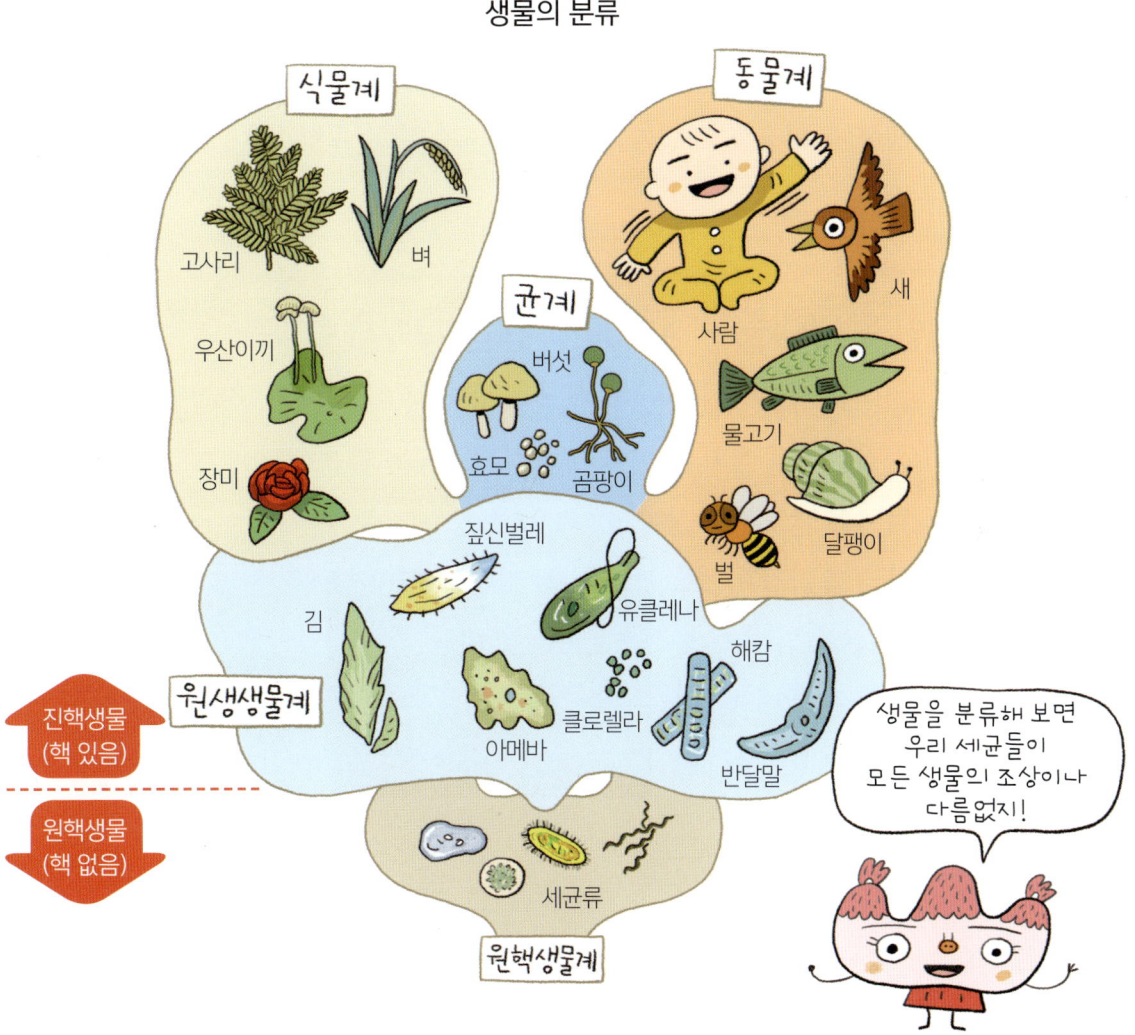

생물의 분류

맨 처음 레이우엔훅이 현미경으로 발견했던 작은 생물은 세균보다 조금 진화한 모습의 진핵생물이었어요. 학자들은 단세포이면서 핵막을 가진 특징을 가진 작은 생물을 따로 분류해 원생생물이라는 이름을 붙여 주었어요.

그보다 더 원시적인 모습의 세균이 지구를 먼저 점령했지만 그 사실을 몰랐던 사람들은 처음으로 발견한 미생물에 '처음으로 생겨난 생물'이라는 뜻의 이름을 붙인 것이에요.

근원, 처음 원   날 생

대표적인 원생생물 - 아메바, 짚신벌레, 클로렐라

원생생물은 주로 물속이나 축축한 곳에서 살아요. 아메바, 짚신벌레, 클로렐라와 같은 것들이지요. 아메바나 짚신벌레는 물속에서 스스로 움직이면서 먹이를 잡아먹고 살아요.

아메바는 슬라임같이 흐물거리는 몸통 여기저기에서 가짜 발이 쭉 뻗어 나와 가고 싶은 쪽으로 조금씩 움직일 수 있어요.

 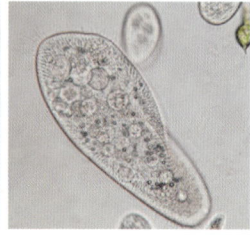

아메바   짚신벌레

짚신벌레는 온몸을 덮은 작은 털을 이용해 물속을 헤엄쳐 다녀요. 사람들은 이 미생물의 털로 덮인 모양이 꼭 짚신같이 생겼다고 해서 짚신벌레라 불렀어요. 엽록체를 가진 클로렐라는 움직일 수는 없지만 물속에서 산소를 만들어 주는 중요한 역할을 해요.

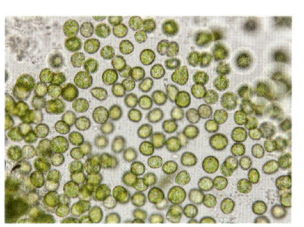
클로렐라

대표적인 균류 - 곰팡이와 효모

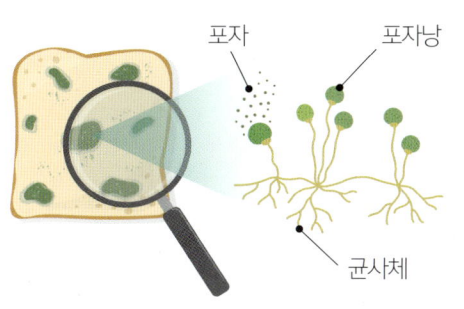

세균에서 시작된 미생물의 진화는 원생생물을 거쳐 곰팡이도 만들어 냈어요. 곰팡이는 실 모양처럼 생기기도 했고, 동그란 모양으로 생기기도 했어요.

눈에 보이는 곰팡이가 어떻게 미생물이냐고요? 사실 곰팡이의 모양은 맨눈으로 자세히 볼 수 없어요. 다만 이 균사체가 실처럼 얽히고설켜 많이 모이면 우리 눈에 잘 보이게 되는 것이지요.

곰팡이 하면 축축하고 어두운 곳, 그리고 퀴퀴한 냄새를 떠올리지요. 하지만 효모라는 이름의 균류는 맛있는 음식을 만들어 내는 데 사용하기도 해요.

곰팡이와 효모는 원생생물에서 조금 더 진화한 생물로, 세포 안에 여러 가지 소기관을 가지고 있어요. 학자들은 이러한 생물을 균류 또는 진균이라고 이름을 붙이고 세균, 원생생물과 분리했답니다.

효모를 넣어 발효시키는 빵 반죽

바이러스도 생명체일까?

이바노프스키가 담배 모자이크병에서 세균보다 더 작은 물질인 바이러스를 발견했을 때만 해도, 학자들은 바이러스의 실체에 대해 제대로 알지 못했어요. 그 후로 많은 과학자가 연구를 계속한 뒤에야 바이러스라는 것을 조금 알게 되었지요.

바이러스는 생물일까, 무생물일까?

과학자들은 연구를 거듭할수록 알쏭달쏭했어요. 바이러스는 살아 있지도, 그렇다고 죽은 것처럼 보이지도 않았기 때문이에요.

살아 있는 세균의 세포는 점점 자라다가 둘로 나뉘어 세균 2마리를 만들어요. 세균 2마리는 다시 4마리가 되고, 4마리는 또 둘로 나뉘어 8마리가 되지요. 이를 이분법(세포 분열)이라고 해요.

사람의 몸속 세포도 계속해서 세포 분열을 통해 새로운 세포를 만들어 내고 오래된 세포는 죽기도 해요. 이렇듯 살아 있는 모든 생명체에는 반드시 세포가 있어서 새로운 생명력을 만들어 내요.

하지만 바이러스의 몸은 세포로 이루어지지 않았어요. 그런데 놀랍게도 바이러스에 감염된 사람이나 동물의 몸속에는 엄청난 수의 바이러스가 생긴답니다. 꼭 살아 있는 세포처럼 말이에요! 세포도 없는 바이러스가 대체 어떻게 자손을 만들어 내는 걸까요?

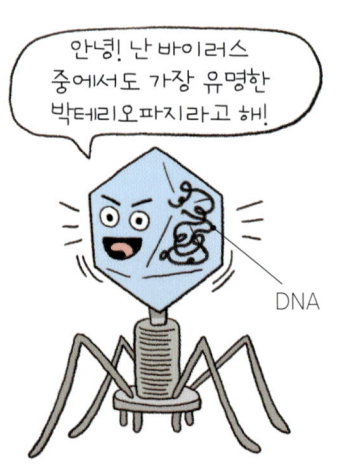

세포를 이용하는 바이러스

바이러스는 혼자서는 아무것도 할 수 없지만 다른 동식물의 세포를 만나면 그 세포를 이용하고 조종할 수 있어요. 세포에 몰래 들어간 바이러스는 세포의 DNA를 파괴하고 자기의 유전자를 넣어 세포가 대신 복제하도록 해요. 바이러스에게 공격당한 세포는 하던 일을 멈추고 바이러스가 시키는 대로 많은 수의 바이러스를 만들다가 죽지요.

❶ 박테리오파지가 세포벽에 붙어 세포 속에 자신의 DNA를 넣는다.

❷ 박테리오파지의 DNA 분자가 복제되어 수가 늘어난다.

❸ 박테리오파지의 단백질 껍질이 만들어지고, 그 속으로 DNA가 들어간다.

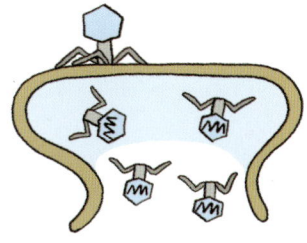

❹ 새로 만들어진 박테리오파지가 세포를 뚫고 나오고, 세포는 죽는다.

이런 이유로 어떤 과학자들은 바이러스를 생명체라고 하고, 어떤 과학자들은 아니라고 하며, 또 어떤 과학자들은 생물과 무생물의 중간쯤이라고도 해요. 아직도 이 궁금증은 풀리지 않고 있어요.

세균, 원생생물, 균류, 그리고 바이러스를 모두 합쳐서 미생물이라고 해.

세균의 진화

미생물

- 옛날 과학자들은 생물을 분류할 때 눈에 보이는 생물과 눈에 보이지 않는 미생물로 나눔
- 생물을 비교하여 특징이 비슷한 것끼리 분류 ⋯▸ 각 생물의 새로운 특징이 발견되면서 생물 분류가 점점 자세해짐
- 미생물에는 세균, 균류, 원생생물, 바이러스 등이 있음

미생물의 조상 - 세균

- 현대 과학에서는 생물을 핵의 생김새에 따라 원핵생물과 진핵생물로 나눔
- 미생물 중에는 유전자의 본체인 DNA가 막에 싸여 있지 않은 채 실타래처럼 들어 있는 것이 있음 ⋯▸ 핵막이 없는 원핵생물
- 핵은 중요한 유전 정보를 보호하기 위해 핵막으로 둘러싸여 있음 ⋯▸ 핵막이 있는 진핵생물
- 원핵생물 : 원시적인 핵을 가진 생물로, 세균이 이에 속함
- 진핵생물 : 진짜 핵을 가진 생물로, 원핵생물보다 진화하여 더 안정적으로 유전 물질을 주고받음

- 세균에서 진핵생물로 진화 : 지구 탄생 후 산소가 없는 지구에서 살기 시작한 세균 ⋯ 산소를 만들어 내는 시아노박테리아 등장 ⋯ 지구에 산소가 생기고 산소를 이용하는 세균들 등장 ⋯ 세균의 수가 폭발적으로 늘어남 ⋯ 변하는 환경에 적응하기 위해 서로에게 없는 능력을 지닌 세균들끼리 합치기 시작 ⋯ 더 강한 세균이 됨(진화)

세균의 친척 - 원생생물과 균류

- 원생생물 : 단세포이면서 핵막을 가진, 세균보다 조금 더 진화한 생물. 물속이나 축축한 곳에서 삶. 아메바·짚신벌레·클로렐라 등이 있음
- 균류 : 원생생물보다 조금 더 진화한 생물로, 세포 안에 여러 가지 소기관을 가지고 있음. 곰팡이와 효모 등이 있음

바이러스

- 살아 있는 모든 생명체에는 반드시 세포가 있기 때문에 생명력이 유지됨
- 세포는 세포 분열을 통해 또 다른 세포를 만들어 냄
- 바이러스의 몸은 세포로 이루어지지 않았으나 다른 세포를 이용하여 개체 수를 늘림 ⋯ 세포에 몰래 들어가 세포의 DNA를 파괴하고 자기의 유전자를 넣어 세포가 대신 복제하도록 만듦
- 아직 바이러스가 생물인지, 무생물인지, 아니면 중간 형태의 물질인지 과학적으로 논란이 있음

평범한 삶을 거부하는 고세균

생물계를 핵을 기준으로 크게 둘로 나누면 원핵생물과 진핵생물로 분류되지만, 어떤 과학자들은 원핵생물을 다시 진정세균과 고세균으로 나눠 셋으로 분류하기도 해요. 세균 중에서도 고세균이라 불리는 이 무리는 우리 주변에 많이 있는 일반적인 세균과 아주 다른 특징을 갖고 있기 때문이지요.

극한 환경을 좋아하는 고세균

고세균은 핵이 없고 크기가 작은 원핵생물이지만 다른 원핵생물들이 살지 못하는 아주 뜨거운 곳이나 아주 차가운 곳, 또는 아주 산성인 곳 등 극한 환경을 좋아하는 특이한 성질이 있어요. 다른 세균들이 이런 혹독한 환경에 있었다면 금세 죽고 말았을 텐데 말이에요.

또한 고세균은 세포막이나 세포벽 성분, 유전물질의 특성 등이 일반 세균과는 달랐어요. 그래서 과학자들은 일반적인 세균들을 진정세균(bacteria), 이렇게 확연히 다른 특이한 성질을 가지고 있는 무리를 고세균(archae)이라고 불렀어요. 우리가 박테리아라고 부르는 일반적인 세균이 진정세균이에요.

지구상의 첫 세균이 고세균?

과학자들은 고세균이 지구가 처음 생겨났을 때 살았던 세균일 것이라고 추측해요. 처음 생긴 지구는 활활 타다가 꽁꽁 얼거나 하는 극한 환경을 가지고 있었거든요. 지금도 고세균 무리는 뜨거운 온천이나 화산 지역, 혹은 소금이 많아 아주 짠 염전이나 석유로 가득 찬 곳에 살기도 해요.

가장 뜨거운 곳에 사는 고세균은 무려 113도가 넘는 지역에 살고 있대요. 팔팔 끓는 물보다도 더 뜨거운 곳에서 말이에요. 그래서 몇몇 학자들은 극한 상황에서도 살아남는 고세균을 '극한 세균'이라고 부르기도 해요. 이런 강한 능력을 지닌 고세균에 관심이 있는 과학자들은 고세균의 능력을 어떻게 하면 잘 이용할 수 있을지 연구하고 있어요. 예를 들면 석유를 분해하는 고세균을 이용해 오염된 환경을 정화하는 것과 같은 일 말이지요. 작은 고추가 맵다더니, 눈에 보이지 않는 작은 세균이라고 무시할 일이 아니에요.

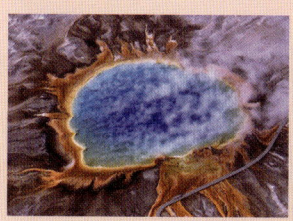
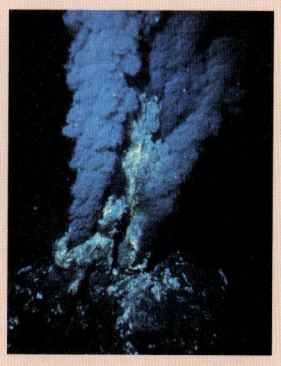

고세균은 지하로부터 뜨거운 물이 솟아 나오는 구멍(열수 분출공)이나 바다 깊은 곳에서 살아가요.

- 어둡고 축축한 곳을 좋아하는 균류
- 눈에 보이지 않는 요리사 - 발효
- 손이 닿는 모든 곳에 세균이?

한눈에 쏙 - 어디에나 있는 미생물
한 걸음 더 - 병에 걸리지 않는 생활 속 예방법

어둡고 축축한 곳을 좋아하는 균류

화장실이나 벽 구석에 까맣게 피어 있는 곰팡이를 본 적 있을 거예요. 곰팡이를 비롯한 여러 균류는 어둡고 따뜻하고 축축한 곳을 좋아해요. 그래서 주로 덥고 습한 여름철에 많이 볼 수 있지요. 곰팡이는 습기가 많고 눈에 잘 보이지 않는 곳이라면 어디든지 들어가요. 따라서 신발장 깊숙한 곳이나 벽 귀퉁이, 벽장 속 습기를 바로바로 없애지 않으면 금세 곰팡이가 나요.

균류에는 어떤 게 있을까?

곰팡이는 진핵생물 중 균류의 한 종류로, 자연환경 속에 널리 퍼져 살고 있어요. 곰팡이뿐만 아니라, 버섯이나 효모도 균류이지요. 버섯은 균류 중에서 가장 큰 생물이에요.

균류는 자라는 모양에 따라 실처럼 가지가 뻗으면서 자라는 균사 모양, 동그란 공 모양이 있어요. 빵이나 음식을 만들 때 쓰는 효모는 공 모양이지요.

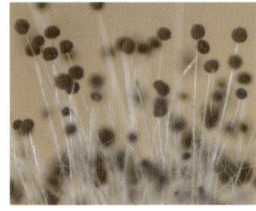
균사 모양의 곰팡이

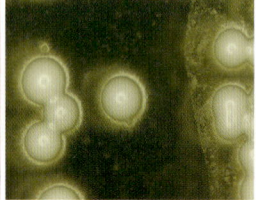
공 모양의 효모

균류의 핵심 - 포자

균류는 어떻게 자라고 또 자손들을 만들어 낼까요? 곰팡이나 효모는 씨앗과 같은 역할을 하는 '포자'가 조금씩 자라나 점점 커져요. 다 자란 곰팡이는 또다시 포자들을 만들어 새로운 자손들을 퍼뜨리지요. 마치 식물의 씨앗을 땅에 심으면 싹이 자라나 열매를 맺고, 그 열매에서 많은 씨앗이 만들어져 다시 땅에서 자라나는 것처럼 말이에요.

그렇다면 균류는 식물일까요?

식물과 균류는 이게 달라!

식물은 세포 속에 엽록체라는 기관을 가지고 있어요. 엽록체는 햇빛, 물, 그리고 공기 중의 이산화탄소를 이용해 광합성을 하여 에너지를 만들어요. 하지만 균류는 엽록체가 없기 때문에 스스로 영양소를 만들지 못해요. 그래서 생물이나 죽은 동물에 기생하여 영양분을 빼앗지요.

예를 들어 조그맣게 곰팡이가 핀 빵을 떠올려 봐요. 그 곰팡이는 음식에 들어 있는 영양분을 빼앗아 먹으며 점점 자라날 거예요. 며칠 더 놔두면 넓게 퍼지면서 음식을 완전히 썩게 할 거고요. 그럼 곰팡이는 음식을 썩게 하니까 나쁜 생물인 걸까요? 곰팡이가 꼭 나쁜 것만은 아니에요. 죽은 동물이나 떨어진 나뭇잎을 썩게 해 없애 주는 청소부 역할도 하니까요. 그래서 곰팡이를 자연의 청소부라고도 부른답니다.

★ **기생** 서로 다른 종류의 두 생물이 함께 생활하면서, 한 생물은 이익을 얻고 다른 생물은 피해를 입으며 생활하는 형태

눈에 보이지 않는 요리사 – 발효

식탁에 올라오는 요리 중에는 미생물의 도움으로 맛있게 먹을 수 있는 음식이 있어요. 김치와 된장, 그리고 어른들이 마시는 막걸리 등은 모두 세균과 곰팡이가 없다면 만들 수 없는 음식이에요.

김치의 새콤함은 젖산균 덕분

김치를 담글 때는 배추를 소금에 절이고 일정한 시간이 지난 뒤에 고춧가루와 갖은양념을 섞어 버무려요. 갓 만든 김치는 아삭아삭하지만, 잘 익은 김치처럼 새콤한 맛은 나지 않지요. 그래서 김치가 맛있게 익을 때까지 며칠 기다려야 하는데, 바로 이때가 세균이 활약하는 시간이랍니다.

채소에는 여러 가지 미생물이 붙어 있지만 대부분 소금에 절였을 때 죽고, 남아 있는 젖산균(유산균)이 가장 큰 활약을 해요.

염분이 많은 곳을 좋아하는 젖산균은 배추나 무에서 나온 당분을 먹고 시큼한 맛이 나는 산을 만들어요. 이 산은 김치 속에 혹시나 남아 있을지 모르는 해로운 세균을 죽이고 식이 섬유를 만들어 소화를 돕기도 해요.

이처럼 미생물이 동식물을 분해하여 우리에게 좋은 영양분을 만들어 주는 과정을 '발효'라고 해요.

음식이 발효되면 오래 보관할 수도 있어!

된장이 맛있는 건 곰팡이 덕분

된장도 발효의 과정을 거쳐 만들어져요. 된장을 만들려면 먼저 콩을 물에 삶아 으깬 뒤 그 반죽을 뭉쳐 메주 모양을 잡고 한 달 정도 서늘한 곳에 말려야 해요.

잘 띄운 메주에 피는 흰색 고초균

이 시간 동안 털곰팡이, 누룩곰팡이 같은 여러 종류의 곰팡이와 고초균(바실루스)이라는 세균이 함께 콩 반죽을 발효시켜요. 발효된 메주에 소금과 물을 넣어 만든 것이 바로 된장이지요.

유익한 곰팡이와 세균에 의해 발효된 된장에는 몸에 좋은 소화 효소나 항암 물질들이 듬뿍 들어 있어요.

김치와 된장뿐만 아니라 요구르트, 치즈, 막걸리 같은 음식도 모두 세균이나 곰팡이의 발효로 만들어진 음식이에요.

블루치즈의 맛을 좋게 만드는 푸른곰팡이

TIP 발효와 부패는 무엇이 다를까?

곰팡이나 세균과 같은 미생물이 동식물을 분해하는 과정을 발효 또는 부패라고 해요. 이 과정을 통해 만들어진 물질이 우리에게 도움이 되는지, 아닌지에 따라 발효인지 부패인지를 구분하지요. 김치나 치즈처럼 미생물들의 활동에 의해 음식이 더욱 맛있어지면 발효라고 하고, 썩어서 몸에 해로워지면 부패라고 해요. 발효에는 당분이 분해되어 알코올 성분을 만들어 내는 알코올 발효(막걸리, 와인 등), 시큼한 맛의 산을 만들어 내는 젖산 발효(김치, 요구르트 등) 등이 있답니다.

썩은 건지, 발효된 건지 잘 보고 먹도록 해!

손이 닿는 모든 곳에 세균이!?

　　몇 년 전 미국의 한 대학에서 스마트폰의 위생 상태를 조사한 적이 있어요. 그런데 아주 놀라운 결과가 발표되었어요. 스마트폰에서 화장실 변기보다 10배나 많은 세균이 나왔다는 충격적인 연구 결과였지요. 심지어 다른 조사에서는 지우개만 한 조그만 면적에 살고 있는 평균 세균 수가 일반 가정집 화장실에서 50~300마리인 반면, 스마트폰에서는 2만 마리가 넘는다는 연구 결과가 나오기도 했답니다.

　　그뿐만이 아니에요. 사람들이 많이 사용하는 컴퓨터, 마우스, 키보드, 게임기까지 모두 화장실 변기보다 몇 배가 넘는 세균들이 살고 있어요. 화장실에나 있을 법한 대장균이 게임 조종기에서 발견되기도 했지요.

여기저기 옮겨 붙는 세균

세균이 스마트폰에 많이 묻어 있는 이유는 사람들이 늘 만지는 물건이기 때문이에요. 요즘 사람들은 화장실, 식당, 버스 등 어디에 있든지 늘 스마트폰을 들고 다니기 때문에 여러 곳에 있는 세균이 우리의 손을 통해 스마트폰으로 옮겨지지요.

세균은 여러 방법으로 다른 사람의 몸이나 물건으로 옮겨 가요. 손이 물체에 닿는 순간 물체에 있던 세균이 손에 옮겨 묻을 수도 있고, 또 재채기를 할 때 공기 중으로 날아가 다른 사람의 입이나 코로 들어가기도 하지요. 세균에 오염된 더러운 물을 마셔서 우리 몸속에 세균이 들어오기도 하고, 옷이나 신발에 붙어 있다가 사람 몸에 옮기도 해요. 외출하고 집에 돌아왔을 때 손 씻기를 강조하는 이유도 바로 이 때문이에요.

세균은 어디에나 있어!

잊지 마! 지구에서 제일 먼저 살기 시작한 건 우리 세균이라고!

세균은 우리 눈에 보이지 않지만 어느 곳에서나 살고 있어요. 땅에도, 나무에도, 공기 중에도, 심지어 얼굴이나 피부에 사는 세균들도 있지요. 아마도 우리는 세균과 함께 살아가고 있다고 해도 과장된 말이 아닐 거예요. 어떻게 보면, 세균이 점령한 지구에 사람들이 뒤늦게 나타나 함께 살고 있다고 하는 편이 맞을지도 몰라요.

어디에나 있는 미생물

어둡고 축축한 곳을 좋아하는 균류

- 균류는 어둡고 따뜻하고 축축한 곳을 좋아함 ⋯› 따라서 여름철에 많이 볼 수 있음
- 포자 : 균류가 자손을 만들기 위해 퍼뜨리는 물질로, 식물의 씨앗과 같은 역할을 함
- 식물과 균류의 차이점 :
  - 식물 : 엽록체라는 기관을 가지고 스스로 광합성을 하여 영양분을 만듦
  - 균류 : 스스로 영양분을 만들지 못하므로 생물이나 죽은 동물에 기생하여 영양분을 얻음
- 곰팡이는 음식을 썩게 하지만, 죽은 동물이나 떨어진 나뭇잎을 썩게 해 없애 주는 청소부 역할도 하므로 좋은 점도 있음

눈에 보이지 않는 요리사 – 발효

- 발효 : 미생물이 동식물을 분해하여 우리에게 좋은 영양분을 만들어 주는 과정
- 발효 식품 : 미생물의 도움으로 더 맛있게 먹을 수 있는 음식
- 대표적인 발효 식품 : 김치, 된장, 치즈 등

- 우리에게 이로운 곰팡이와 세균에 의해 발효된 음식에는 몸에 좋은 소화 효소나 항암 물질이 들어 있음
- 발효와 부패의 차이점 :
  - 발효 : 미생물에 의해 동식물이 더욱 맛있어지는 등 우리에게 도움이 되는 경우
  - 부패 : 미생물에 의해 동식물이 썩어서 우리 몸에 해로운 경우

손이 닿는 모든 곳에 세균이?

- 스마트폰이 화장실 변기보다 10배나 세균이 많다는 연구 결과가 발표됨
- 스마트폰뿐만 아니라 우리의 손길이 닿는 컴퓨터, 마우스, 키보드, 게임기 등에도 세균이 많이 있음 ⋯▶ 여러 곳에 있는 세균이 우리의 손을 통해 옮겨 붙기 때문
- 세균이 옮겨 가는 방법 : 사람의 손을 통해 이동, 재채기를 통해 공기 중으로 이동, 세균이 많은 음식물 섭취 등
- 세균은 어디에나 있음
- 해로운 세균이 우리 주변에 많아지는 걸 막을 수 있는 가장 쉬운 방법은 손 씻기

병에 걸리지 않는 생활 속 예방법

세균 중에는 병을 일으킬 수 있는 것들이 있어요. 그렇다고 해서 우리 주변을 세균이 하나도 없는 깨끗한 상태로 만들 수는 없지요. 세균은 번식력과 생존력이 매우 높아요. 사람들이 아무리 애써도 세균이 1마리도 없는 환경을 만드는 건 매우 어려울 거예요.

게다가 어릴 때부터 약간의 세균에 노출되는 것이 오히려 크면서 병을 이겨 내는 데 도움이 된다고 주장하는 사람들도 있어요. 약한 세균을 만난 우리 몸이 한 번 그 세균을 이겨 내면, 우리 몸은 그 경험을 기억해서 다음번에 좀 더 센 녀석을 만나도 맞서 싸울 수 있는 능력이 생기거든요.

하지만 너무 많은 수의 세균이 있다면 우리 몸은 병이 들지도 몰라요. 그래서 꾸준히 세균이 많이 자라지 못하도록 막아 줘야 해요.

질병을 예방하는 제일 쉬운 방법

세균으로부터 몸을 보호하는 가장 쉬운 방법은 무엇일까요? 바로 손을 씻는 거예요. 밖에 나갔다 오면 혹시나 손에 올라탔을지 모르는 세균을 죽이기 위해 비누로 꼭 손을 씻어야 해요.

또 한 가지는 마스크를 쓰는 거예요. 특히 감기를 일으키

는 세균이나 바이러스가 극성인 겨울철에는 외출 시 마스크를 꼭 쓰고 다니는 게 좋아요. 감기에 걸린 사람이 기침을 하여 내뿜어진 세균과 바이러스로부터 우리 몸을 지킬 수 있는 방법이지요. 혹시 여러분이 감기에 걸렸다면 다른 사람들에게 세균과 바이러스를 옮기지 않도록 꼭 마스크를 쓰도록 해요.

몸이나 옷, 신발에 붙은 세균들이 집에 옮겨 올 수도 있어요. 따라서 집 안에도 청결을 유지해야 해요. 방 청소를 오랫동안 미루거나 음식물을 제대로 치우지 않고 놓아둔다면, 아마 금세 세균과 곰팡이가 찾아와 신나게 파티를 벌일 거예요.

우리 몸이 세균과 잘 맞서 싸울 수 있도록 건강한 상태를 유지해 주는 것도 중요해요. 몸에 들어온 세균을 죽여 우리 몸을 병으로부터 지켜 주는 것을 면역이라고 하는데요. 잠을 충분히 자고 영양소를 골고루 먹으면 우리 몸의 면역 체계가 강해져요.

가장 안전한 방법은 예방 접종

그래도 혹시 병에 걸릴까 걱정이 된다고요? 걱정하지 마세요. 우리에겐 오랫동안 세균과 바이러스를 연구해 온 과학자들과 의사들이 만든 예방 접종 주사가 있으니까요. 예방 접종은 우리 몸에 면역 체계를 만들어 줘요. 우리 몸을 지키기 위한 예방 주사! 무섭더라도 꼭 맞도록 해요.

4화

우리가 없으면 절대 안 돼!

환경 세균과 함께하는 생태계

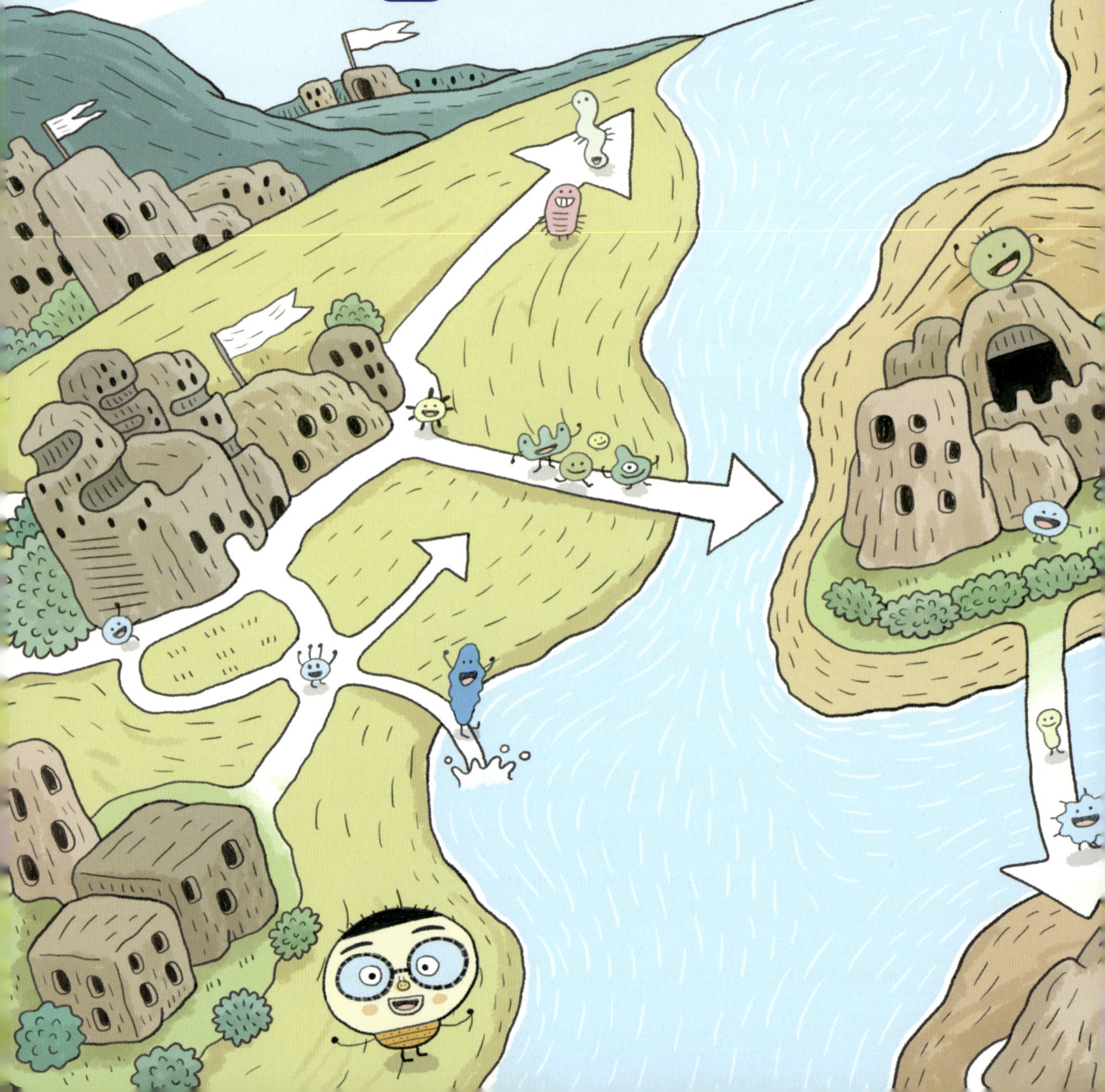

- 만약 세균과 곰팡이가 없다면? - 분해자
- 산소와 오존층을 만든 세균
- 풍년을 선물한 뿌리혹박테리아
- 지구 온난화와 세균의 습격

한눈에 쏙 - 세균과 함께하는 생태계
한 걸음 더 - 우주에도 세균이 산다고?

만약 세균과 곰팡이가 없다면? – 분해자

만약 세균이 지구에 하나도 없다면 어떨까요? 세균 때문에 걸리는 질병에 대해 걱정하지 않아도 되니까 사람들 마음이 편해질까요? 인간이 드디어 세균을 정복했다는 뉴스가 나오면서 온 나라 사람들이 환호성을 지를까요? 또 곰팡이가 지구에 없다면 어떨까요? 음식에 더 이상 곰팡이가 피지 않을 테고, 음식 상할 걱정도 안 할 테니 좋은 걸까요?

절대 그렇지 않아요. 사람들은 다시 세균과 곰팡이를 그리워하게 될 거예요.

지구에 왜 세균과 곰팡이가 있어야 할까?

세균은 지구상에서 매우 다양한 일을 해요. 어떤 세균은 질병을 옮기기도 하고, 어떤 것은 광합성을 해 산소를 내뿜기도 하며, 또 어떤 것은 음식을 발효시켜 맛있는 발효 식품을 만들기도 하지요.

세균이 하는 일 중에서 가장 중요한 일은 바로 죽은 동식물을 먹어 치우는 일이에요. 흙에 있는 세균들은 땅에 떨어진 낙엽도 먹고, 코끼리가 싼 똥도 먹고, 죽은 물고기도 먹어요.

여러분이 먹다 버린 치킨이나 오래된 빵에도 곧 세균과 곰팡이가 달라붙어 점점 썩기 시작하지요. 곰팡이가 조금 핀 빵이나 과일을 그대로 두면 작았던 곰팡이가 점점 넓게 퍼져 나중에는 전체가 다 곰팡이로 뒤덮이고 흐물흐물하게 썩어요.

썩는다는 것은 세균이나 곰팡이가 탄수화물이나 단백질 같은 탄소 성분이 든 물질을 분해해서 이산화탄소, 물 그리고 황, 인, 마그네슘, 칼륨 같은 무기물을 만드는 과정이에요. 무기물은 원래 흙 속에 많이 들어 있는 물질이지요. 즉, 오래된 음식이나 죽은 동식물은 썩는 과정을 거쳐 흙으로 돌아가 무기물이 돼요. 사람이나 동식물은 이 무기물을 영양소로 먹고 자라게 된답니다.

생태계 유지에 꼭 필요한 세균과 곰팡이

세균과 곰팡이처럼 큰 덩어리를 분해하여 작게 만드는 미생물을 '분해자'라고 해요. 살아 있는 동식물은 분해자 덕분에 흙으로부터 영양소를 얻고, 죽은 뒤에는 다시 흙으로 돌아가 자연스럽게 순환되며 생태계가 유지돼요.

그런데 만약 미생물이 없어서 음식이 분해되지 않는다면 세상이 어떻게 될까요? 온 동네 사람들이 먹고 버린 음식물 쓰레기가 점점 쌓여서 쓰레기 산을 만들 거예요. 또 사람이나 동물들이 싼 똥도 없어지지 않을 테니 거대한 똥 무더기가 지구 곳곳에 쌓일 거예요. 사람과 동물의 사체도 계속 쌓이겠지요. 휴~ 세균과 곰팡이가 있어서 정말 다행이에요.

산소와 오존층을 만든 세균

산소를 뿜뿜!

아주 먼 옛날, 지구가 탄생한 순간부터 지구에 산소가 있었던 것은 아니에요. 그런데 지금은 지구에 산소가 풍부해요. 사람도, 동물도 모두 숨을 쉬려면 산소가 꼭 필요하고요. 그럼 산소가 없던 옛 지구에서 무슨 일이 있었을까요?

산소를 내뿜는 남세균의 등장

지구에 산소가 없을 때는 세균 중에서도 산소를 아주 싫어하는 세균들만 살았어요. 그러던 어느 날, 산소를 싫어하는 세균들에게 재앙과 같은 일이 벌어졌어요. 남세균이라는 이름의 세균들이 갑자기 지구에 나타나 산소를 뿜어내기 시작한 것이지요.

남세균은 햇빛과 물, 이산화탄소를 이용해 산소를 만들어 냈어요. 즉, 식물처럼 광합성을 한 것이지요. 그러자 산소를 싫어하는 세균들은 점점 더 산소가 닿지 않는 곳으로 들어갔어요.

이 시기에 만들어진 산소는 땅이나 바다의 암석에 들어 있는 철 성분에 붙어서 철을 녹슬게 했어요. 그러자 암석에 들어 있던 철이 붉게 변했지요.

지금도 지구 곳곳의 여행지에는 지구에 산소가 처음 생겼을 때 만들어진 아름다운 붉은 암벽들을 볼 수 있는 곳이 많아요.

스트로마톨라이트 남세균과 바닷속 물질들이 들러붙어 퇴적층을 이룬 화석

남세균이 만든 산소와 바닷속 철 성분이 반응하여 생성된 붉은색 암벽

그러던 어느 날, 지구를 뒤덮은 철 성분들이 더 이상 산소를 흡수할 수 없을 정도로 산소가 많아졌어요. 그러자 산소는 공기층을 채우기 시작했지요. 갑자기 산소를 만난 많은 미생물은 적응하지 못해 죽기도 했어요.

하지만 몇몇 생명력이 강한 미생물들은 산소가 있는 지구에서 살아남는 방법을 터득했어요. 이 똑똑한 미생물들은 오랜 시간 진화를 거듭했어요. 오늘날 동식물과 사람이 산소를 마시고 이용하게 된 것은 아주 오래전 이 똑똑한 미생물로부터 시작된 것일지도 모르지요.

자외선 방패가 된 산소

공기 중의 산소층은 점점 두꺼워졌고, 결국 하늘로 올라가 오존*층이 되었어요. 그러자 놀라운 일이 벌어졌어요. 오존층이 태양으로부터 지구로 바로 내리쬐는 자외선을 막아 주었던 거예요. 강한 자외선은 생물의 DNA를 파괴시키기도 하거든요. 우리가 선크림을 피부에 바르는 것도 강한 자외선을 차단하기 위함이지요.

오존층이 생기면서 지구의 생명체들은 좀 더 안전한 환경에서 살게 되었어요. 처음에는 미생물들을 위협했던 산소가 결국은 더 많은 생물이 탄생하는 데 도움을 준 것이지요.

★ **오존** 산소 원자 3개가 모여 만들어진 푸른빛의 기체

풍년을 선물한 뿌리혹박테리아

강낭콩, 대두, 땅콩…… 이런 콩과 식물에는 한 가지 비밀이 있어요. 바로 몸속에 영양소를 만드는 비밀 공장이 있다는 점이지요. 비밀의 열쇠는 바로 뿌리!

흙 속에 있는 뿌리를 뽑아 살펴보면, 작은 혹처럼 생긴 것이 뿌리에 덕지덕지 붙어 있는 것을 볼 수 있어요. 뿌리에 병이 걸린 것 같다고요? 조금 징그러워 보이긴 해도, 이 혹이 바로 콩과 식물들만 가지고 있는 영양소 공장이에요. 왜 콩과 식물들은 이러한 영양소 공장을 만들었을까요?

질소를 저장하는 뿌리혹

식물이 자라는 데 꼭 필요한 영양소 중 질소라는 것이 있어요. 질소는 단백질이나 세포막, DNA와 같이 생명체가 살아가는 데 꼭 필요한 물질을 구성하는 성분이지요. 질소가 부족하면 세포는 제대로 자랄 수 없어요. 요즘에는 질소가 듬뿍 들어 있는 비료가 많이 개발되어서 땅에 비료를 뿌려 주면 식물들이 비료에 든 영양소를 먹고 쑥쑥 자라요. 하지만 이러한 비료가 개발되기 전에는 질소를 제대로 얻지 못해 식물들이 잘 자라지 못하는 경우가 많았어요.

식물은 스스로 공기 중에 있는 질소를 이용할 수가 없어요. 그래서 식물은 땅으로 내려온 질소만을 뿌리를 통해 흡수할 수 있지요.

똑똑한 콩과 식물은 질소를 흡수하기 위한 특별한 방법을 찾아냈어요. 땅속에 사는 세균 중에 스스로 공기 속 질소를 잡아채 몸속에 저장할 줄 아는 세균 무리를 이용하기로 한 거예요. 콩의 뿌리는 이런 세균들을 끌어모을 수 있는 물질을 내뿜었어요. 냄새를 맡은 세균들은 뿌리 주변으로 몰려왔고, 뿌리 속으로 들어가 혹을 만들었어요. 세균들은 이 혹 속에 살면서 식물이 사용할 수 있는 질소를 만들기 시작했지요.

식물은 이 세균들이 뿌리혹 속에서 더 열심히 일할 수 있도록 산소를 공급하고, 영양소도 주었어요. 그러자 이 세균들은 식물에게 질소를 만들어 주는 일만 했어요. 그 후로 식물은 뿌리혹박테리아가 만든 질소를 먹고 쑥쑥 자랐지요. 세균과 식물은 이렇게 서로 도우며 살기도 해요.

재미있게도 세균 중에는 공기 중의 질소를 땅으로 가져오는 세균이 있는가 하면, 반대로 땅속에 묻힌 질소를 다시 공기 중으로 내보내는 세균도 있어요. 이렇게 다양한 종류의 세균들이 질소를 땅에서 공기로, 공기에서 땅으로 끊임없이 순환시키며 생태계를 지켜 주고 있어요.

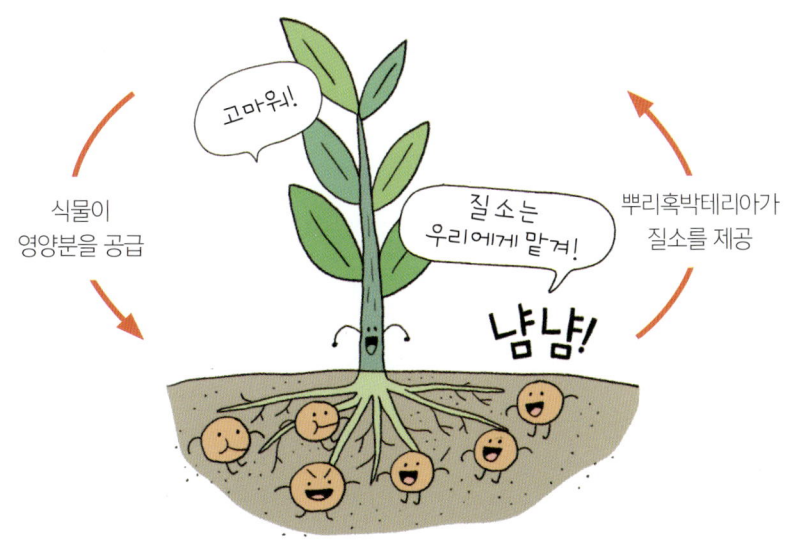

지구 온난화와 세균의 습격

보통 세균이나 곰팡이는 추운 곳보다 더운 곳을 좋아해요. 날씨가 더울 때 음식이 금방 상하는 것도 세균이 추울 때보다 훨씬 더 잘 자라기 때문이지요.

그런데 큰일이에요. 요즘은 지구 온난화 때문에 지구가 점점 더워지고 있으니까요. 즉, 세균과 곰팡이가 좋아하는 날씨가 되어 가고 있는 거예요.

잠들어 있는 세균과 바이러스를 깨우는 지구 온난화

인구가 늘어나고 산업이 발달하면서 공장이나 자동차에서는 더 많은 매연을 뿜어내고, 숲은 점점 줄어들어서 지구에 이산화탄소가 가득 차기 시작했어요. 이렇게 쌓인 이산화탄소가 지구를 온실처럼 만들었지요. 이 때문에 지구가 따뜻해지자 예상치 못한 문제가 생겼어요. 바로 새로운 질병이 생기기 시작한 거예요.

2016년 8월 러시아 시베리아 툰드라 지역에서 순록 2,300여 마리와 주민 8명이 탄저병에 걸리는 사건이 있었어요. 탄저병은 탄저균에 감염되어 피부에 물집과 고름이 생기고 피부가 검게 되는 질환이에요. 갑자기 이 전염병이 나타난 이유를 조사하던 연구원들은 놀라운 사실을 발견했어요. 북극 지방의 빙하에 3만 년 동안이나 갇혀 있던 탄저균이 지구 온난화로 인해 빙하가 녹으면서 되살아났던 거예요. 과학자들은 빙하에 갇혀 있는 세균이나 바이러스가 얼마나 더 있을지 알 수 없다면서, 지구 온난화가 오래전에 사라졌던 질병을 다시 깨어나게 하는 원인이 될 수 있다고 경고했어요.

미생물과 함께 날아다니는 곤충의 이동

더운 나라에서 주로 생기던 뎅기열이나 말라리아 같은 병이 최근 들어 이전에는 잘 생기지 않던 나라에도 나타나기 시작했어요. 그것은 바로 뎅기열 바이러스나 말라리아 원충을 옮기는 모기들이 이전에는 온도가 낮아 살기 어려웠던 지역으로 옮겨 다니기 때문에 일어난 일이었어요. 전 세계가 따뜻해지자 곤충들의 이동이 활발해지고, 더불어 바이러스나 세균도 이곳저곳으로 활발히 이동하게 된 것이지요.

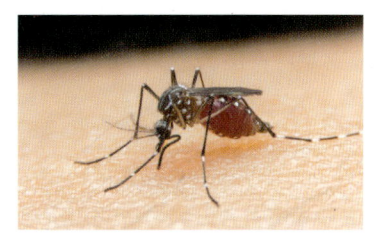

말라리아 원충을 전파하는 말라리아 매개 모기

사람들이 일으킨 자연 파괴와 환경 오염이 결국 사람들에게 거꾸로 위협이 되고 있어요. 더 늦기 전에, 지금부터라도 우리 모두가 환경을 보호하기 위한 작은 일들을 시작해 보는 게 어떨까요?

세균과 함께하는 생태계

분해자

- 큰 덩어리를 분해하여 작게 만드는 미생물
- 세균이나 곰팡이가 탄수화물이나 단백질 같은 탄소 성분이 든 물질을 분해하여 이산화탄소, 물, 무기물(황, 인, 마그네슘, 칼륨 등)을 만들어 냄
- 무기물은 흙 속에 많이 들어 있음
- 오래된 음식이나 죽은 동식물은 썩는 과정(분해)을 거쳐 흙으로 돌아감
  ⋯▶ 사람이나 동식물은 이 무기물을 영양소로 먹고 자라게 됨
  ⋯▶ 자연스럽게 이 과정이 순환되며 생태계가 유지됨

산소와 오존층 생성

- 맨 처음 지구에는 산소가 없었으나 산소를 내뿜는 남세균의 등장으로 지구에 산소가 생김 ⋯▶ 세균들은 산소와 함께 살 수 있게 진화함
- 대기가 산소로 가득 차자 더 위에 오존층이 생김 ⋯▶ 오존층이 자외선을 막아 줌 ⋯▶ 생물들이 좀 더 안전하게 살게 되어 더 많은 생물이 태어남

뿌리혹박테리아

- 질소 : 단백질이나 세포막, DNA와 같이 생명체가 살아가는 데 꼭 필요한 물질을 구성하는 성분
- 요즘에는 질소가 가득한 비료가 개발되어 식물들이 잘 자람
- 식물은 스스로 공기 중에 있는 질소를 이용할 수 없음
- 식물은 땅으로 내려온 질소를 뿌리를 통해 흡수함
- 뿌리혹 : 콩과 식물의 뿌리에서 볼 수 있는 질소 저장 장소
- 땅속에 사는 세균 중 스스로 공기 속 질소를 잡아채 몸속에 저장할 줄 아는 세균이 있음 ⋯→ 콩과 식물은 이 세균을 끌어모을 수 있는 물질을 내뿜음 ⋯→ 냄새를 맡은 세균들이 콩과 식물의 뿌리로 몰려와 혹을 만듦
- 세균과 식물이 서로 돕고 살며 생태계를 순환시킴

지구 온난화와 세균

- 보통 미생물은 추울 때보다 더울 때 활발해짐
- 지구 온난화로 인해 지구의 온도가 올라가자 잠들어 있던 미생물들이 활동하기 시작함
- 전 세계가 따뜻해지자 더운 곳에서만 살던 곤충들의 이동이 활발해짐
  ⋯→ 질병의 원인이 되는 미생물이 여러 지역으로 퍼지기 시작함
- 환경을 보호하고 지구 온난화를 막기 위해 모두가 노력해야 함

우주에도 세균이 산다고?

세균 중에는 바실루스 스트라토페리쿠스라는 긴 이름을 가진 세균이 있는데요. 이 세균은 지구 대기권 중 성층권에 살고 있어요.

성층권은 땅에서부터 시작해 10~50킬로미터나 떨어진 곳이지요. 사람들은 우주와 가까운 곳에 사는 이 세균에게 '우주 세균'이라는 별명을 붙여 주었어요. 이 세균은 대기가 순환할 때 이따금 지구에 내려왔다가 강바닥 같은 곳에서 발견되기도 해요.

그런데 이 우주 세균을 연구하던 과학자들이 놀라운 사실을 발견했어요. 바로 이 세균이 전기를 만들어 낸다는 사실!

전기를 만들어 내는 우주 세균

과학자들은 바실루스 스트라토페리쿠스를 실험실에서 인공적으로 키운 뒤 끈적끈적한 상태의 세균 무리를 전기가 드나들 수 있는 곳에 얇게 발라 주었어요. 그런 뒤 먹이를 주자 세균들이 전기를 내놓았어요. 이 전기의 양이 꽤 많아서 전구 하나를 거뜬히 켤 수 있을 정도였

지요. 과학자들은 이 우주 세균을 깊은 산속이나 전기를 사용하기 힘든 지역에서 사용할 수 있도록 연구를 계속하고 있답니다.

화성에도 있을까?

어느 날, 남아프리카 금광에서 이상한 미생물이 발견되었어요. 그곳은 빛도 없고, 산소도 닿지 않는 깊은 곳이었어요. 산소를 싫어하고 어두운 곳을 좋아하는 세균들이 있기는 하지만, 이번에 발견된 세균은 그 세균 무리와도 달랐어요. 왜냐하면 미생물의 먹이가 될 만한 것이 아무것도 없었기 때문이에요. 보통 미생물은 빛이나 산소, 탄소 성분이 있어야 살 수 있어요. 하지만 이 미생물의 먹이는 전혀 다른 것이었어요. 바로 방사성 우라늄!

이 세균은 탄광의 암석에 들어 있는 우라늄이라는 광물로부터 생겨난 방사선을 먹고 살았어요.

과학자들은 이 세균을 보고, 그렇다면 우주에도 다른 미생물들이 살 수도 있겠다고 생각했어요. 우주에 이런 방사성 에너지와 비슷한 물질이 많을 거라는 연구 결과가 있기 때문이에요.

세균 친구들이 화성에도 살고 있을까?

아직은 화성에 생물체가 있는지 확인하지 못했어요. 하지만 46억 년 전 지구가 생겨났을 때부터 지금까지 그랬던 것처럼, 이미 똑똑한 세균들이 화성에 터를 잡고 진화하고 있진 않을까요?

5화
좋은 균, 나쁜 균, 이상한 균
인체 우리 몸속 세균

- 처음 만나는 세균
- 몸속 구석구석에 미생물이?!
- 내 몸은 내가 지킨다! - 면역 체계
- 세균 vs 바이러스, 그리고 약

한눈에 쏙 - 우리 몸속 세균
한 걸음 더 - 인류를 구한 항생제 : 페니실린

처음 만나는 세균

눈에 보이진 않지만 우리가 태어날 때부터 세균들은 우리 몸에 들어와 그들만의 사회를 만들며 살고 있어요.

아기가 주변에 있는 물건을 물고 빨면, 아기의 몸은 세상 이곳저곳에 있는 세균과 만나게 돼요. 이렇게 우리 몸은 점점 미생물로 가득 찬 세상에 적응하지요. 사람 몸속에 옹기종기 모인 세균들은 병을 일으키는 다른 균의 침입을 막는 방패가 되기도 해요.

아기 몸에 맨 처음 세균을 전달하는 엄마

엄마 몸속에 태아가 생기면 엄마의 몸은 젖산균이 살기 좋은 환경이 돼요. 아기가 엄마 배 속에서 다 자라 태어나는 순간! 아기는 엄마의 몸에 있던 젖산균(유산균)과 함께 세상 밖으로 나와요.

젖산균은 젖산과 과산화수소 같은 성분을 만드는 물질로, 소독약과 비슷한 역할을 해요. 그래서 아기 주변의 나쁜 균을 죽이고 아기를 보호하지요.

아기는 엄마의 젖을 먹을 때 또 다른 세균을 만나요. 바로 젖산균 중 하나인 비피두스균이지요. 비피두스균도 몸에 해로운 세균이 침입하지 못하도록 우리 몸을 보호해요. 따라서 엄마는 아기가 태어날 때 아기가 이 세상을 잘 살아갈 수 있도록 유익한 세균을 많이 준답니다.

몸속 구석구석에 미생물이?!

태어난 직후부터 우리 몸에 살기 시작한 세균들은 점점 더 종류가 다양해지고 수가 많아져요. 머리끝에서 발끝까지 말이에요.

머리에 사는 미생물

머리카락 속 두피는 어둡고 축축한 곳을 좋아하는 진균들이 살기 딱 좋은 곳이에요. 말라세지아라는 진균은 사람의 피부에서 많이 발견되는데, 미끌미끌한 두피 기름을 먹고 올레산이라는 똥을 버려요. 올레산 똥이 두피에 쌓이면 피부가 건조해지고 하얀 비듬이 생기지요.

얼굴의 모공에 있는 기름을 좋아하는 세균도 있어요. 특히 중학생쯤 되면 피지라는 기름 물질이 많이 나와 얼굴이 기름기로 번들번들해지기도 하는데, 이때쯤 어김없이 찾아오는 균이 있어요. 바로 여드름균이에요.

입속은 어떨까요? 충치균은 치아에 낀 음식물을 먹기 위해 치아 사이를 파고들어요. 충치균은 시큼한 산을 뿜어내며 이를 반질반질하게 감싸고 있는 보호막을 녹이지요. 그러면 이가 조금씩 썩어서 충치가 생겨요. 따라서 음식을 먹은 뒤에는 충치균이 이를 망가뜨리지 못하도록 꼭 양치를 해야 해요.

위와 장에 사는 세균

입을 지나 식도를 따라 내려가면 위가 나타나요. 위에는 강한 산이 많기 때문에 웬만한 세균들은 살 수 없어요. 하지만 산에 강한 헬리코박터 파일로리균과 같은 세균은 위에 살면서 다양한 병이 생기게 해요. 헬리코박터 파일로리균은 강한 위산에도 살 수 있을 만큼 생명력이 강하므로, 발견한 즉시 항생제를 꾸준히 챙겨 먹어야 물리칠 수 있어요.

우리 몸에서 가장 다양한 종류의 세균이 살고 있는 곳은 대장이에요. 대장 속에는 세균을 비롯하여 100가지가 넘는 미생물이 살고 있어요. 특히 대장 안의 내용물 1그램에는 약 1,000억 마리의 미생물이 있다고 하니 정말 어마어마한 수이지요.

대장 속에는 우리 몸에 유익한 미생물과 해로운 미생물이 아슬아슬하게 줄타기를 하며 함께 살고 있어요. 유익한 미생물은 장을 튼튼하게 해 주고, 사람이 잘 소화하지 못하는 영양소를 흡수할 수 있게 도와주지요. 해로운 미생물이 많아지면 설사나 배탈이 나게 해요. 따라서 유익한 미생물이 잘 자라는 데 도움이 되는 올바른 식습관을 가져야 해요.

대장이 건강해야 온몸이 건강하다고들 말하는데요. 이는 대장에 있는 유익한 세균들이 우리 몸의 면역력을 키워 주기도 하기 때문이지요. 대표적인 대장 속 유익균은 바로 유산균이랍니다.

치즈, 우유 등의 유제품에는 유산균이 많이 들어 있어요.

내 몸은 내가 지킨다! – 면역 체계

우리 몸이 건강하려면 면역력이 높아야 한다는 말, 들어 본 적 있나요? 면역력이란 세균이나 바이러스가 우리 몸에 들어오더라도 몸이 스스로를 보호할 수 있는 능력을 뜻해요.

질병의 원인이 되는 균이나 바이러스를 통틀어 병원체라고 해요. 우리 몸의 면역 체계가 제대로 작동하면 병원체는 우리 몸속에 들어오더라도 힘을 쓰지 못하고 사라져요. 하지만 너무 피곤하거나 건강이 나빠지면 면역 체계에 문제가 생겨 병에 걸릴 수도 있어요.

우리 몸은 병원체를 어떻게 막을까?

보통 병원체는 1차로 속눈썹이나 코털 등에 걸려 몸속 깊은 곳까지 들어오지 못해요. 우리 몸을 감싸고 있는 두꺼운 피부는 이런 해로운 미생물이 몸속으로 들어오지 못하게 하는 방패가 되기도 해요. 입속으로 들어왔더라도 위에서 생기는 강한 위산 때문에 죽고 말지요.

만약 위를 통과했더라도 대장에 사는 유익한 세균들이 나쁜 세균들을 쫓아 버리기도 해요. 그런데 해로운 미생물들이 이런 방어 막을 운 좋게 통과하여 몸속 깊숙이 들어오면 어떻게 될까요? 너무 걱정할 필요는 없어요. 우리 몸속에는 병균과 함께 맞서 싸울 준비가 된 거대한 군단이 있답니다. 이들은 면역을 담당하는 군단으로 대식 세포 등과 같은 백혈구, B 세포·T 세포라는 이름을 가진 림프구들이에요.

백혈구는 몸속 구석구석을 살피며 돌아다니다가 몸 밖에서 들어온 적군을 발견하면 몰려들어 잡아먹어요. B 세포와 T 세포는 조금 더 똑똑한 면역 세포예요. 이 두 세포는 한 번 잡아먹었던 병원체의 모양을 기억했다가 다음번에 똑같은 병원체를 만나면 더 빨리 적들을 물리친답니다.

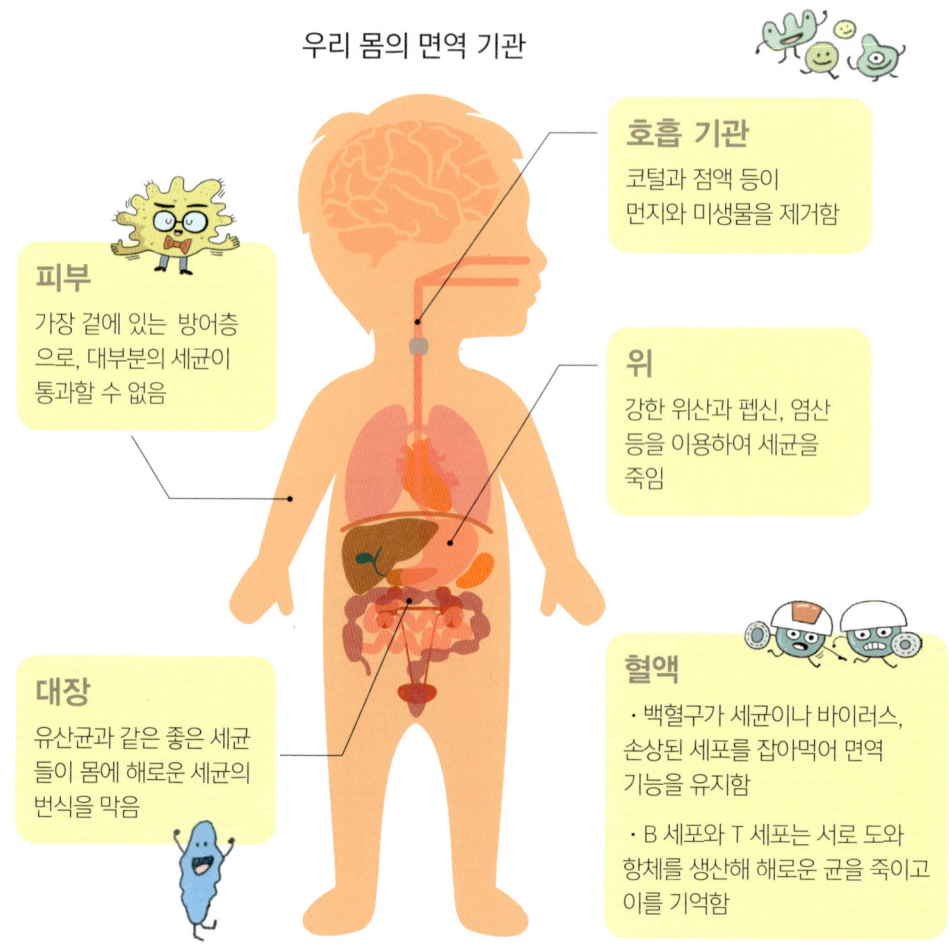

우리 몸의 면역 기관

호흡 기관
코털과 점액 등이 먼지와 미생물을 제거함

피부
가장 겉에 있는 방어층으로, 대부분의 세균이 통과할 수 없음

위
강한 위산과 펩신, 염산 등을 이용하여 세균을 죽임

대장
유산균과 같은 좋은 세균들이 몸에 해로운 세균의 번식을 막음

혈액
· 백혈구가 세균이나 바이러스, 손상된 세포를 잡아먹어 면역 기능을 유지함
· B 세포와 T 세포는 서로 도와 항체를 생산해 해로운 균을 죽이고 이를 기억함

세균 vs 바이러스, 그리고 약

뜨거운 여름이 지나고 찬 바람이 불면 어김없이 찾아오는 불청객이 있지요. 바로 감기! 감기에 걸리면 열도 나고 콧물에 기침까지 나와 매우 힘들고 불편해져요. 곧장 병원으로 달려가 진료를 받고 약을 먹으면 감기가 다 나을 것 같은데요. 어떤 사람들은 감기에 쓰는 항생제가 감기를 낫게 하는 데 큰 도움이 안 될 수도 있다고 해요. 왜 그럴까요?

예측하기 어려운 감기 바이러스

감기에 걸리는 원인은 대체로 80~90퍼센트가 바이러스 때문이에요. 리노바이러스, 코로나바이러스, 아데노바이러스 등 감기 증상을 일으키는 바이러스는 밝혀진 것만 200개가 넘어요. 이런 다양한 종류의 바이러스는 주로 가을, 겨울에 많이 퍼지고, 사람의 몸에 들어오면 코나 목에 염증을 일으켜요.

병원에서 처방해 주는 약은 주로 항생제, 콧물약, 기침약, 열을 내리는 약이에요. 이러한 약은 감기의 원인이 되는 바이러스를 직접 죽이지는 못해요. 그 대신 불편한 증상을 멎게 하여 좀 더 편하게 생활할 수 있게 해요. 또한 항생제는 바이러스의 침입으로 우리 몸이 잠시 약해진 틈을 타 들어온 세균들을 물리쳐 줘요. 2차로 세균에 감염되면 누런 가래나 콧물이 나오고, 이런 증상이 심해지면 폐렴이나 중이염 등 더 심한 병에 걸릴 수도 있기 때문에 항생제를 사용해 세균을 죽여야 해요. 바이러스는 종류가 많기도 하지만, 매년 모습을 바꿔 새로운 모습으로 나타나요. 그러므로 그때마다 맞는 약을 개발하여 바이러스를 공격하는 건 매우 어려운 일이지요.

감기 바이러스보다 무서운 독감 바이러스

몸속 면역 세포들은 보통 1~2주면 감기 바이러스를 물리칠 수 있어요. 하지만 독감은 달라요. 독감의 원인은 인플루엔자 바이러스인데, 일반 감기 바이러스보다 훨씬 강한 녀석들이거든요. 훨씬 높은 열이 나게 하고, 심한 근육 통증도 일으키지요. 열이 매우 높으면 뇌 손상을 일으킬 수도 있기 때문에 미리 독감을 예방하는 것이 중요해요.

독감 예방 접종이란 아주 약한 인플루엔자 바이러스를 몸에 미리 넣어 우리 몸이 독감과 맞서 싸우는 법을 기억할 수 있도록 하는 거예요. 독감 바이러스의 모습을 기억하고 있던 몸속 면역 세포들은 실제로 강한 바이러스가 들어왔을 때 당황하지 않고 쉽게 물리치지요.

하지만 인플루엔자 바이러스도 순순히 당하고 있진 않아요. 조금씩 모습을 다르게 변장하고 나타나 사람들의 약을 올리지요. 그래서 독감 백신을 개발하는 의사들과 약을 만드는 제약 회사의 연구원들은 올해 어떤 모습으로 독감 바이러스가 나타날지 예측하고, 그에 맞는 백신을 만든답니다.

약은 어떻게 세균과 바이러스를 죽일까?

병을 빨리 치료하려면 병에 걸린 이유가 세균 때문인지, 바이러스 때문인지 정확히 파악한 뒤 그 원인에 맞는 약을 먹어야 해요. 이때 세균을 죽이는 약은 항생제, 바이러스를 죽이는 약은 항바이러스제라고 해요.

항생제와 항바이러스제는 세균이나 바이러스의 특징에 따라 이런 병원체들이 더 이상 몸속에서 자라지 못하게 하는 원리를 이용해 만든 약이에요.

항생제가 세균을 죽이는 방식은 매우 다양해요. 어떤 약은 세균을 둘러싸고 있는 세포벽을 공격해 세포벽이 터져 더 이상 세균이 살 수 없게 하기도 하고, 어떤 약은 세균이 살아가는 데 꼭 필요한 단백질 성분을 만들지 못하게 해요.

바이러스는 세균과 사는 방법이 다르기 때문에 항생제로 죽일 수 없어요. 살아 있는 세포에 바이러스가 달라붙는 것을 막는 항바이러스제, 바이러스의 DNA를 세포가 대신 다르게 복제해 주는 항바이러스제 등이 있지요. 이런 약이 몸속에 들어오면 바이러스는 더 이상 수를 늘리지 못하고 죽는답니다.

약은 병을 고칠 수 있는 아주 간편하고 고마운 제품이에요. 하지만 병원체가 몸속에서 모두 사라질 때까지 꾸준히 먹지 않거나, 먹어야 할 양만큼을 제대로 먹지 않으면 안 돼요. 똑똑한 병원체는 약을 이기는 법을 터득하기도 하거든요. 이를 내성이라고 해요. 약에 내성이 생기면 약을 먹어도 병이 잘 낫지 않아요. 그러니 의사, 약사의 말을 따라 약을 잘 먹어야 해요.

우리 몸속 세균

처음 만나는 세균

- 사람은 태어날 때부터 세균을 가지고 태어남
- 엄마 몸속에 태아가 생기면 엄마의 몸은 젖산균이 살기 좋은 환경이 됨
  ⋯ 아기가 태어날 때 엄마의 몸에 있던 젖산균과 함께 세상 밖으로 나옴
- 젖산균 : 소독약과 비슷한 역할을 함 ⋯ 아기를 나쁜 균으로부터 보호함

몸속 구석구석에 있는 미생물

- 우리 몸은 머리에서 발끝까지 세균으로 가득함
- 머리 : 머리카락, 모공, 치아에 사는 미생물이 있음(여드름균, 충치균 등)
- 위 : 위에는 강한 위산에도 살 수 있을 만큼 강한 생명력을 지닌 세균이 삶 (헬리코박터 파일로리균 등)
- 대장 : 100가지 종류가 넘는 미생물이 있음, 우리 몸에 유익한 미생물과 해로운 미생물이 함께 살고 있음, 유익한 미생물이 잘 자라기 위해서는 올바른 식습관을 가져야 함

면역 체계
- 면역력 : 세균이나 바이러스가 몸에 들어오더라도 우리 몸이 스스로를 보호할 수 있는 능력
- 병원체 : 질병의 원인이 되는 미생물
- 우리 몸의 면역 체계가 제대로 작동하면 병원체는 우리 몸에 들어와도 힘을 쓰지 못하고 사라짐
- 건강이 나쁘면 면역 체계에 문제가 생겨 병에 걸릴 수 있음
- 백혈구 : 몸속을 돌아다니다가 병원체를 발견하면 몰려들어 잡아먹음
- 림프구(B 세포, T 세포) : 한 번 잡아먹었던 병원체의 모양을 기억했다가 다음번에 똑같은 병원체를 만나면 빨리 적들을 물리침

세균과 바이러스에 사용하는 약
- 세균은 항생제를, 바이러스는 항바이러스제를 사용하여 병원체를 물리침
- 독감 바이러스는 일반 감기 바이러스보다 훨씬 강하고 위험할 수 있음
  ⋯▶ 예방 접종의 필요성
- 약을 먹을 때는 복용법에 맞게 꾸준히, 올바른 양을 먹어야 함 ⋯▶ 제대로 지키지 않으면 몸에 내성이 생겨 병이 잘 낫지 않음

인류를 구한 항생제 : 페니실린

처음 항생제를 만들게 된 것은 순전히 우연이었어요. 인류 최초의 항생제인 페니실린은 세균학자 알렉산더 플레밍(1881~1955년)에 의해 발견되었어요. 플레밍은 페니실린을 어떻게 발견했을까요?

실패한 실험을 통해 페니실린을 발견한 플레밍

스코틀랜드에서 농부의 아들로 태어난 플레밍은 의과대학에서 세균학을 공부했어요. 플레밍은 학교에서 실험을 하기 위해 세균의 먹이가 되는 양분을 실험용 유리 접시에 넣고 그 위에 포도상 구균을 얇게 발라 포도상 구균이 자랄 수 있도록 배양했어요. 배양이란 인공적인 환경에서 미생물을 키우는 일인데요. 이때 반드시 조심해야 하는 것이 있어요. 공기 중에 떠다니는 다른 세균들이 실험 재료와 섞이지 않도록 유리 접시의 뚜껑을 꼭 닫아야 하지요.

그러던 어느 날, 플레밍이 실수로 뚜껑을 닫지 않아 접시 속에 푸른곰팡이가 들어가 버렸어요. 다른 실험실에서 푸른곰팡이를 연구 중이었는데, 마침 이 푸른곰팡이가 공기 중에 떠돌다가 배양 중이던 실험용 유리 접시에 들어갔던 거예요.

플레밍은 이 유리 접시에서 놀라운 사실을

하나 발견했어요. 바로 푸른곰팡이가 앉은 자리에서는 포도상 구균이 더 이상 자라지 못했다는 점이에요. 즉 무균 상태*가 된 것이지요. 푸른곰팡이가 세균을 죽이는 항균 작용을 한다는 사실을 발견한 거예요.

플레밍은 곧 새로운 연구를 시작했어요. 그는 연구를 거듭하여 푸른곰팡이에서 세균을 죽이는 성분을 뽑아냈어요. 그리고 그 성분의 이름을 '페니실린'이라고 불렀답니다.

대량 생산되어 인류를 구한 페니실린

사실 플레밍은 실제로 질병을 치료할 만큼 많은 양의 페니실린을 생산하진 못했어요. 그 뒤로 약 10년이 지나서야 영국 옥스퍼드 대학의 연구 팀이 페니실린을 대량으로 만들었지요. 그제야 사람들의 병을 치료하는 데 페니실린을 사용할 수 있었어요.

페니실린은 감염병에 의해 죽어 가던 많은 사람의 목숨을 살렸어요. 특히 전쟁에서 상처를 입은 군인들의 목숨을 구했고, 1950년대에 50세 정도였던 인류의 평균 수명을 지금은 80세 안팎까지 끌어올렸어요. 어떤 사람들은 페니실린이 없었다면 세계의 인구수가 지금의 절반밖에 되지 않았을 것이라고 생각하기도 해요.

우연한 순간을 놓치지 않은 플레밍의 호기심 덕분에 인류를 구원한 엄청난 약이 탄생한 것이랍니다.

★ **무균 상태** 살아 있는 미생물이 전혀 없는 상태

- 미생물학자 - 미생물은 내 손에 있어!
- 신약 연구원 - 병균이 이길까, 약이 이길까?
- 감염 관리 전문가 - 감염병을 막아라!

한눈에 쏙 - 미생물을 연구하는 사람들
한 걸음 더 - 우리나라를 휩쓸고 간 메르스

미생물학자 – 미생물은 내 손에 있어!

미생물을 연구하는 학자들은 아직 발견되지 않은 새로운 미생물을 찾아내거나, 이미 발견한 미생물을 어떻게 이용할 수 있을지에 대해 연구해요. 미생물의 특징을 잘 살펴보고 그 특징을 이용하면 환경이나 생활에 도움이 되는 방향으로 미생물을 이용할 수 있기 때문이지요.

미생물학자들의 노력

레이우엔훅이 미생물을 발견한 이후로 지금까지 미생물의 세계를 끈기 있게 관찰해 온 학자들이 없었다면 우리는 곰팡이의 존재도, 다양한 바이러스의 존재도 모른 채 살았을지도 몰라요. 레이우엔훅이 물방울 속에 있던 원생생물을 발견한 것이 최초의 미생물 발견이었지만, 이후에 원생생물보다도 훨씬 전부터 지구에 살았던 세균이나 극한 환경에서 사는 고세균을 발견한 것도 모두 미생물학자들 덕분이지요.

이렇게 수십, 수백 년에 걸쳐 발견한 미생물들을 연구하여 그 특징에 따라 미생물의 진화 단계도 유추해 볼 수 있었어요. 세균에서 진핵생물로의 진화가 결국 지금의 동식물, 균류를 만들어 낸 것이라는 것도요.

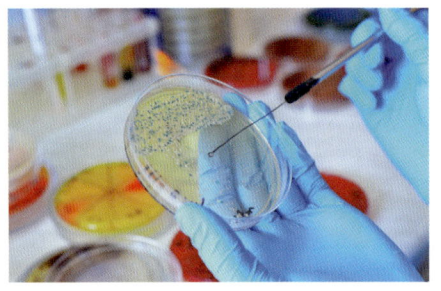

어떤 미생물이 사람에게 병을 옮기는 병원체 역할을 한다는 것이 확인되면

학자들은 어떻게 이 병원체의 힘을 약하게 할 수 있는지 연구해요. 또한 새로운 미생물이 어떤 방식으로 자손을 늘리고 진화하는지를 연구하기도 해요. 그래서 미생물을 연구하는 학자들은 미생물 자체에 대한 호기심도 있어야 하지만 면역학, 유전학 등 다양한 생물 분야에 대한 관심과 지식도 있어야 하지요.

새로운 세균과 바이러스를 연구하라

최근에는 새로운 바이러스가 나타나면서 이전에는 없었던 질병이 생기기도 했어요. 2002년 사스(SARS, 중증 급성 호흡기 증후군), 2015년 메르스(MERS, 중동 호흡기 증후군), 그리고 2020년 코로나19(COVID-19, 코로나바이러스 감염증-19) 등은 모두 변종 바이러스가 원인이 된 질병이에요. 미생물학자들은 이런 질병의 원인이 되는 세균이나 바이러스를 연구해 치료제를 개발하기 위한 기초 자료를 제공해요.

미생물학자들은 정기적으로 한자리에 모여 꾸준히 연구해 온 내용을 서로 발표하기도 해요. 이런 기회를 통해 새롭게 발견한 지식을 나누고, 다른 사람의 연구 내용에서 아이디어를 얻기도 하지요.

어떤 학문이든지 세상에 없던 새로운 것을 발견하는 연구는 쉬운 일이 아닐 거예요. 그러므로 실력 있는 학자가 되려면 지치지 않는 끈기와 열정, 그리고 끊임없는 탐구 정신이 꼭 필요하답니다.

신약 연구원 - 병균이 이길까, 약이 이길까?

약을 연구하는 사람들은 한 제품이 세상에 나오기까지 얼마나 많은 약물을 연구하게 될까요? 평균적으로 10,000개 정도의 후보 약물을 연구해야 한 개의 성공적인 약물이 개발돼요. 그 과정에서 엄청난 시간과 돈, 그리고 연구원들의 노력이 들어가지요.

뛰는 약 위에 나는 세균?!

1928년에 플레밍이 푸른곰팡이에서 처음 페니실린을 발견하여 많은 사람들의 생명을 살린 이후로 지금까지 수많은 항생제가 개발되었어요. 그래서 웬만한 세균 감염은 쉽게 치료할 수 있는 질병이 되었지요.

하지만 뛰는 약 위에 나는 세균이라고 해야 할까요? 똑똑한 세균들이 항생제에 맞서 싸우는 법을 알게 된 거예요. 연구원들은 또 머리를 싸매고 더 강해진 세균들을 물리칠 방법을 생각해 내야 했어요.

연구원들은 새로운 약을 개발하기 위해 공격하려는 병원체의 특징을 모조리 조사해요. 병원체에 대해서 잘 알수록 효과적으로 공격하는 약물을 만들 수 있으니까요.

후보 물질이 신약으로 탄생하는 과정

약이 될 수 있는 후보 물질은 실험실에서 화학적으로 만든 물질일 수도 있고, 식물이나 동물에서 뽑아낸 성분일 수도 있어요.

연구원들은 이렇게 얻은 수많은 성분 중에 효과가 있을 것으로 생각되는 몇 가지 성분을 골라요. 그런 다음, 선정된 후보 물질을 꼼꼼하게 검증하여 최종 후보를 골라요. 독성이 있는지, 몸속에 들어가 제대로 작용하는지 등을 검사하지요.

각종 실험을 통과한 후보 약물은 동물에 투여해 실제로 병원체에 감염된 동물을 낫게 할 수 있는지 확인해요. 약이 될 수 있을지를 판단하려면 단순히 효과만 살펴보는 것이 아니라 부작용은 없는지, 독성이 없는지 등을 꼼꼼히 관찰해야 해요.

여기까지 통과했어도 가장 큰 관문이 남아 있어요. 실제 사람들에게서 약의 효과와 안전성을 시험해 보는 것이지요. 먼저 건강한 사람들에게 투여해 보고, 그 후에 병에 걸린 환자들에게 투여해요. 이 과정에서 효과와 안전성이 모두 좋은 결과가 나왔다면, 실제 병원이나 약국에서 구할 수 있는 제품이 돼요.

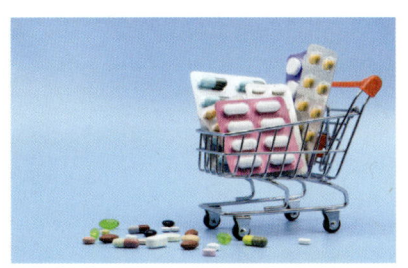

지금 이 순간에도 많은 신약 연구원들이 더 강해진 병원체를 정복할 수 있는 새로운 약을 개발하기 위해 노력하고 있어요.

감염 관리 전문가 – 감염병을 막아라!

최근 들어 항생제를 사용할 수 없을 정도로 강한 세균이나 슈퍼 박테리아, 돌연변이 바이러스 등이 나타나기 시작했어요. 이렇게 사람들의 목숨을 위협하는 병원체가 자꾸 등장하자, 감염에 대한 관리를 더 철저히 해야 한다는 목소리가 높아졌어요. 감염병은 다른 질병과 달리, 공기나 물을 통해서도 다른 사람에게 옮을 수 있기 때문이지요.

따라서 병에 대한 관리를 제대로 하지 못하면 아차! 하는 순간에 수많은 사람에게 퍼질 수 있답니다.

사람과 동물의 경계가 허물어지고 있는 감염병

공항에서 열 감지기를 이용해 검역하는 모습

감염병을 제대로 알리고 관리하려면 정부, 의사, 학자 등 다양한 사람들의 노력이 필요해요. 해외 감염병이나 동식물의 감염병에 대해서도 알아야 하지요. 많은 사람이 배나 비행기를 통해 쉽게 해외를 드나들게 되자 주로 해외에서만 발생했던 병이 우리나라에 나타나기도 하고, 이전에는 사람에게는 전염되지 않고 동물만 걸리던 병들이 돌연변이 바이러스에 의해 사람에게 감염되는 일도 나타나고 있기 때문이에요.

메르스도 처음에는 낙타들만 걸리는 병이었으나, 지금은 사람들도 걸리고 있지요.

감염병 관리를 위해 노력하는 사람들

전문가들은 다양한 감염병에 대해 미리 연구하고, 실제로 우리나라에 환자가 생겼을 때 어떻게 대처해야 하는지 안내해요. 보건복지부나 질병관리청과 같은 정부 기관은 질병에 대한 정보를 사람들이 쉽게 알 수 있게 하고, 감염병을 치료하는 모든 의료진에게 공통된 가이드라인을 안내하지요.

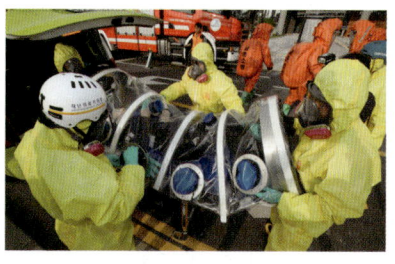
감염병 발생 시를 대비하기 위한 훈련

실제 감염병이 생겼을 때는 보건소나 병원, 공공 기관, 정부가 서로 빠르게 연락할 수 있는 핫라인을 만들어 최대한 빨리 환자들을 치료해 더 이상 감염병이 퍼지지 않도록 하고 있어요.

몇몇 감염병의 경우에는 국가에서 법정 전염병으로 지정해 사람들이 예방 접종을 무료로 맞을 수 있도록 지원하고 있어요.

공항에서는 철저한 검역을 통해 해외에서 발생한 감염병이 우리나라에 들어오지 못하도록 애쓰고 있어요. 음식물이나 동식물을 가지고 쉽게 외국에 드나들지 못하는 것도 혹시 모를 미생물이 다른 지역에 퍼지지 않도록 하기 위함이지요.

이렇게 다양한 곳에서 많은 사람이 감염병의 위험으로부터 사람들을 보호하기 위해 노력하고 있어요. 여러분도 주변과 몸을 깨끗하게 관리하는 작은 실천을 통해 스스로 자신의 몸을 보호하도록 해요.

감염병이 의심되거나 질병 정보가 궁금할 땐 질병관리청 콜센터 1339로 전화해!

미생물을 연구하는 사람들

미생물학자

- 아직 발견되지 않은 새로운 미생물을 찾아내거나, 이미 존재하는 미생물을 어떻게 이용할 수 있을지 연구하는 사람
- 미생물의 특징을 연구하여 환경이나 생활에 도움이 되는 방향으로 이용
- 병원체의 힘을 약하게 하는 방법이나 번식 및 진화 과정을 연구하기도 함
- 미생물에 대한 호기심뿐만 아니라 면역학, 유전학 등 다양한 생물 분야에 관심과 지식이 있어야 함

신약 연구원

- 약을 연구하는 사람
- 한 개의 성공적인 약물을 개발하기 위해 평균 10,000개 정도의 후보 약물을 연구함
- 화학적으로 만든 물질 또는 동식물에서 뽑아낸 성분 중 병을 치료하는 데 효과가 있을 만한 후보 물질을 선택 ⋯▶ 물질의 특성을 연구하여 최종 후보 물질 선정 ⋯▶ 병원체에 감염된 동물에게 주입하여 치료 효과 및 부작용 등을 확인 ⋯▶ 병에 걸린 환자에게 투여하여 효과와 안정성을 검사 ⋯▶ 모든 과정을 통과한 약물은 제품으로 출시됨

감염 관리 전문가

- 최근 들어 약물을 사용할 수 없을 정도로 강한 세균이나 바이러스가 등장하기 시작 ⋯▸ 감염 관리가 중요해짐
- 감염 관리를 제대로 하지 못하면 순식간에 많은 사람이 병에 걸릴 수 있음
- 정부 기관, 의료 기관, 전문가 등이 다 함께 힘을 모아 노력해야 함
- 전문가의 역할 : 다양한 감염병에 대해 미리 연구 ⋯▸ 실제로 감염병 환자가 생겼을 때 어떻게 대처해야 하는지 안내하는 가이드라인을 만듦
- 보건복지부나 질병관리청 등 정부 기관의 역할 : 질병에 대한 정보를 사람들이 쉽게 알 수 있게 해야 함. 감염병을 치료하는 모든 의료진에게 공통된 가이드라인을 안내함
- 공항에서 검역을 철저히 하여 해외에서 발생한 감염병이 우리나라에 들어오지 못하게 해야 함

감염병이 의심되거나 질병 정보가 궁금할 땐 질병관리청 콜센터 **1339**로 전화해!

우리나라를 휩쓸고 간 메르스

2015년 5월, 중동 지역을 방문했다가 한국에 돌아온 A 씨는 귀국한 뒤 일주일쯤 지나자 몸에서 감기 증상이 나타나기 시작했어요. A 씨는 병원에서 치료를 받았지만 병은 낫지 않았고 증세가 더욱 심해졌어요. 그런데 세 번째 방문한 병원에서 A 씨의 병이 '중동 호흡기 증후군', 즉 메르스(MERS)라는 사실이 밝혀졌어요.

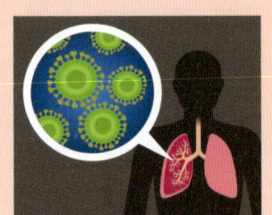

감염병인 줄 몰랐기에 더 퍼져 버린 병

메르스는 2012년 정도부터 중동 지역에 퍼졌던 병이에요. 사람에게서는 발견된 적이 없었던 새로운 종류의 코로나바이러스가 원인이었지요. 코로나바이러스는 사람들이 기침이나 재채기를 할 때 공기 중으로 퍼져서 다른 사람에게 전염될 수 있어요. 감염된 환자들은 고열과 기침, 호흡 곤란 등을 겪고, 심할 경우 목숨을 잃지요.

2015년까지는 우리나라에서 메르스에 걸렸던 사람이 없었어요. 그래서 처음 메르스 환자를 진단하는 것은 어려운 일이었지요. A 씨가 메르스에 걸린 것을 깨닫기까지, 그의 주변에는 많은 사람이 있었어요. 함께 사는 가족, 병원에 가는 길에 탔던

택시 기사, 같은 병실에 입원했던 환자와 보호자들, 그리고 의료진 등이 있었지요.

안타깝게도 그중 대다수의 사람이 메르스에 전염되었는데요. 그사이에 이 사람들이 다른 사람들을 만났고, 그 사람들은 또 다른 사람들을 만나고…… 이렇게 메르스 바이러스는 순식간에 많은 사람에게 퍼졌어요. 결국 첫 환자가 생긴 지 두 달 만에 환자가 186명까지 늘어났지요. 그중 38명의 환자는 안타깝게도 목숨을 잃었어요.

감염병이 의심되는 환자는 감염병에 걸린 게 아니라는 것을 확인할 때까지 집 밖으로 나오거나 다른 사람을 만날 수 없었어요. 당시에 격리된 사람만 해도 12,000명이 넘었답니다.

메르스를 물리치기 위해 노력한 사람들

정부 기관, 감염 관리 전문가, 각 병원의 의료진들은 메르스 바이러스를 하루라도 빨리 잡기 위해 밤낮없이 애썼어요. 메르스에 걸린 사람이 생활한 곳, 지나다닌 곳을 모두 조사한 뒤, 그동안 만났던 사람들을 모두 만나 검사를 하기도 했지요. 이렇게 많은 사람이 애쓴 덕분에 그해 12월에는 더 이상 메르스 바이러스가 우리나라에 없다고 발표하게 되었습니다. 이 사건 이후 국내에서는 감염병 관리를 더 강화해야 한다는 목소리가 커졌답니다.

1화 지구를 정복하라!

1 다음을 읽고 누구에 대한 설명인지 골라 봐요.

> 원래는 과학자가 아니라 옷감을 팔던 사람이었어요. 그는 옷감의 품질을 더 자세히 확인할 수 있는 좋은 확대경을 갖고 싶어 했어요. 그는 연구 끝에 작은 현미경을 만들었지요. 그가 만든 현미경은 실제 크기보다 270배나 크게 확대할 수 있었답니다.

① 레이우엔훅　　② 코흐
③ 파스퇴르　　　④ 챔버랜드

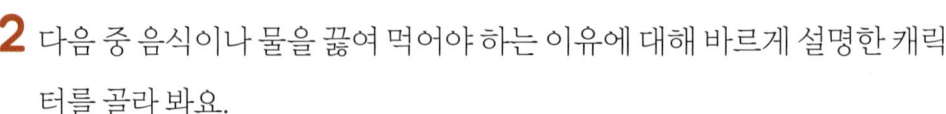

2 다음 중 음식이나 물을 끓여 먹어야 하는 이유에 대해 바르게 설명한 캐릭터를 골라 봐요.

① 김이 모락모락 나야 더 먹음직스럽기 때문이야.

② 음식은 따뜻할 때 먹어야 제맛이지!

③ 식재료 속에 있는 세균을 죽여서 질병을 예방하려는 거야!

④ 음식 냄새가 더 멀리 퍼지도록 하기 위함이지.

3 다음 중 바이러스에 대한 설명으로 틀린 것을 골라 봐요.

① 세균보다 더 큰 물질이에요.
② 담배 모자이크병을 연구하던 도중에 발견되었어요.
③ 네덜란드 미생물학자 베이에링크가 바이러스의 존재를 맨 처음 발견했어요.
④ 처음에는 액성 전염 물질이라고 불리다가 나중에 바이러스로 바뀌었어요.

4 다음 괄호 안에 들어갈 단어로 바르게 짝지어진 것을 골라 봐요.

> 에드워드 제너는 (㉠)을/를 예방하기 위해 우두 바이러스를 사람들의 몸에 넣었어요. 이처럼 병이 생기는 것을 막기 위해 독소를 제거하거나 약화시켜 몸 속에 넣는 균을 (㉡)이라고 해요.

① ㉠ 흑사병 ㉡ 종두법
② ㉠ 흑사병 ㉡ 백신
③ ㉠ 천연두 ㉡ 종두법
④ ㉠ 천연두 ㉡ 백신

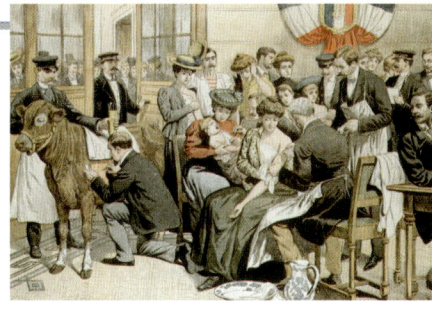

115

2화 개성 만점 세균들이 탄생하다!

1 다음 중 원핵생물에 대한 설명으로 옳은 것을 모두 골라 봐요.

① 핵양체를 지니고 있어요.
② 완전한 핵을 가지고 있어요.
③ 지구에 가장 처음 나타난 생명체예요.
④ 원래부터 핵을 지니고 있어서 원핵생물이라고 불러요.

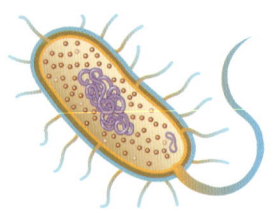

2 현대 생물학에서는 생물을 크게 5개로 분류하고 있어요. 어떤 것이 있는지 적어 봐요.

　　　　　　 계,　　　　 계,　　　　 계,　　　　 계,　　　　 계

3 다음 중 원생생물계에 속하지 않는 것을 골라 봐요.

① 아메바

② 곰팡이

③ 짚신벌레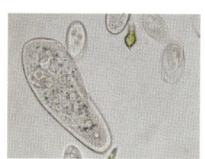

④ 클로렐라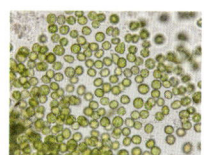

4 다음은 바이러스가 세포를 이용해 많은 수의 바이러스를 복제하는 그림이에요. 이 그림을 순서에 맞게 나열해 봐요.

㉠ 새로운 박테리오파지가 만들어진다.

㉡ 박테리오파지의 DNA가 복제된다.

㉢ 새로 만들어진 박테리오파지가 세포를 뚫고 밖으로 나온다.

㉣ 박테리오파지가 자신의 DNA를 세포 속에 넣는다.

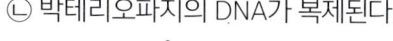

3화 미생물에게 포위됐다!

1 다음 중 균류에 대한 설명으로 옳은 것을 모두 골라 봐요.

① 균류에는 곰팡이, 버섯, 효모 등이 있어요.
② 버섯은 포자를 이용해 자손을 퍼뜨리므로 식물이에요.
③ 효모는 실처럼 가지가 뻗으면서 자라는 균사 모양이에요.
④ 곰팡이는 죽은 동물이나 떨어진 나뭇잎을 썩게 하여 없애 줘요.

균류 중에서 맨눈으로 자실체를 볼 수 있는 생물은 버섯뿐이야.

2 다음 음식과 관련된 미생물을 바르게 짝지어 봐요.

 ①　　　　　㉠ 푸른곰팡이

 ②　　　　　㉡ 젖산균

 ③　　　　　㉢ 털곰팡이와 누룩곰팡이

3 다음 중 발효와 부패에 대한 설명으로 틀린 것을 골라 봐요.

① 발효 식품으로는 김치, 된장, 치즈 등이 있어요.
② 음식물이 부패되면 썩은 것이므로 먹으면 안 돼요.
③ 음식물에 세균이 들어가면 발효되고, 곰팡이가 들어가면 부패돼요.
④ 미생물이 동식물을 분해하는 과정에서 우리에게 도움이 되는 물질을 만들면 발효, 썩어서 몸에 해로운 물질을 만들면 부패라고 해요.

4 세균은 눈에 보이지 않지만 우리 주변 어느 곳에나 있어요. 세균 중에는 병을 일으키는 것도 있지요. 세균으로부터 몸을 보호하는 방법으로 어떤 것이 있을지 생각해 봐요. 서술형 문항 대비 ✓

· 예방 접종 맞기
·
·
·

4화 우리가 없으면 절대 안 돼!

1 다음을 읽고 무엇에 대한 설명인지 골라 봐요.

> 지구에 산소가 없던 시절에 나타난 세균으로 햇빛과 물, 이산화탄소를 이용하여 산소를 만드는 세균이에요

① 분해균　　　② 남세균
③ 산소균　　　④ 물세균

2 다음 그림을 보고 틀린 것을 골라 봐요.

① 뿌리혹박테리아를 설명한 그림이에요.
② ㉠은 식물이 뿌리혹박테리아에게 영양분을 공급하는 거예요.
③ ㉡은 뿌리혹박테리아가 식물에게 질소를 전달하는 거예요.
④ 뿌리혹은 모든 식물에 있어요.

3 다음 중 지구 온난화가 미생물에 끼치는 영향으로 틀린 것을 골라 봐요.

① 지구 온난화와 미생물 사이에는 아무런 관계가 없어요.
② 지구 온난화로 인해 세균과 곰팡이가 좋아하는 날씨가 되어 가고 있어요.
③ 기온이 올라가면 추운 지역에 잠들어 있는 세균과 바이러스를 깨울 수 있어요.
④ 곤충에 의해 더운 나라에서만 생기던 질병이 곤충의 이동으로 인해 다른 지역으로까지 퍼질 수 있어요.

4 어떤 미생물은 사람을 아프게 하기도 하고, 맛있는 음식을 썩게 만들어요. 하지만 미생물은 지구에 꼭 필요한 생물이에요. 왜 그런지 이유를 써 봐요.

서술형 문항 대비 ✓

사람들은 세균 고마운 줄 알아야 해!

곰팡이한테도!

5화 좋은 균, 나쁜 균, 이상한 균

1 다음 설명 중 옳은 것을 모두 골라 봐요.

① 사람이 태어날 때는 몸에 세균이 하나도 없어요.
② 아기가 주변에 있는 물건을 물고 빨아야 처음으로 몸에 세균이 생겨요.
③ 엄마가 전달해 준 젖산균은 소독약과 비슷한 역할을 하므로 아기를 보호해 줘요.
④ 엄마의 젖에 있는 비피두스균이 아기의 몸에 들어가 해로운 세균으로부터 몸을 보호해요.

2 우리 몸에는 수많은 세균이 살고 있어요. 다음을 읽고 몸속 세균에 대해 누가 잘못 말하고 있는지 골라 봐요.

① 입속의 충치균은 치아에 낀 음식물을 먹느라 사람의 치아를 상하게 해.
② 위 속에는 강한 산이 많아서 웬만한 세균은 살 수 없대.
③ 사람 몸에서 가장 세균이 적은 곳은 대장이야.
④ 대장에 사는 대표적인 유익균은 유산균이래.

좋은 균이 많아야 배탈이 나지 않아.

3 다음 중 면역에 대한 설명으로 틀린 것을 골라 봐요.

① 면역력이란 병원체로부터 우리 몸이 스스로를 보호할 수 있는 능력이에요.
② 너무 피곤하거나 건강이 나빠져도 우리 몸의 면역 체계는 항상 튼튼해요.
③ 대식 세포는 몸속을 돌아다니다가 해로운 세균을 발견하면 몰려들어 잡아먹어요.
④ B 세포, T 세포는 한 번 잡아먹었던 병원체의 모양을 기억했다가 다음에 똑같은 병원체를 만나면 더 빨리 물리쳐요.

4 다음을 읽고 괄호 안에 들어갈 단어로 알맞은 것을 골라 봐요.

> 세균을 죽이는 약은 (㉠), 바이러스를 죽이는 약은 (㉡)예요. 약을 제대로 복용하지 않으면 병원체가 몸속에서 약을 이기는 법을 터득하여 병이 잘 낫지 않는데, 이를 (㉢)이라고 해요.

① ㉠ 백신 ㉡ 항바이러스제 ㉢ 감염
② ㉠ 백신 ㉡ 항바이러스제 ㉢ 내성
③ ㉠ 항생제 ㉡ 항바이러스제 ㉢ 감염
④ ㉠ 항생제 ㉡ 항바이러스제 ㉢ 내성

6화 미생물과 함께

1 다음 중 미생물학자가 하는 일이 아닌 것을 골라 봐요.

① 미생물의 특징을 파악하여 실생활에 어떻게 이용할 수 있을지 연구해요.
② 질병의 원인이 되는 미생물을 연구하여 치료제를 개발하기 위한 기초 자료를 제공해요.
③ 정기적으로 한자리에 모여 꾸준히 연구해 온 내용을 서로 공유해요.
④ 감염병이 생겼을 때 최대한 빨리 환자들을 치료해 감염병이 퍼지지 않도록 노력해요.

2 다음 보기를 읽고 후보 물질이 신약으로 탄생하는 과정을 올바르게 나열해 봐요.

㉠ 최종 후보 물질을 병원체에 감염된 동물 몸에 넣어 효과를 검증해요.
㉡ 약이 될 수 있는 후보 물질을 골라요.
㉢ 사람에게 넣어 약의 효과와 안정성을 확인해요.
㉣ 각종 실험을 통해 후보 물질 중에서 최종 후보 물질을 골라요.

____ ⋯▶ ____ ⋯▶ ____ ⋯▶ ____

3 다음 중 감염병에 대한 설명으로 틀린 것을 골라 봐요.

① 감염병이 의심될 때는 질병관리청 콜센터 9113으로 연락해요.

② 공항에서는 철저한 검역을 통해 해외 감염병이 들어오지 못하도록 애쓰고 있어요.

③ 동물만 걸리던 병이 돌연변이 바이러스에 의해 사람에게 감염되는 일이 많아지고 있어요.

④ 감염 관리 전문가들은 우리나라에 감염병 환자가 생겼을 때 어떻게 대처해야 하는지 안내하는 가이드라인을 만들어요.

4 다음을 읽고 괄호 안에 들어갈 알맞은 단어를 보기에서 골라 적어 봐요.

> 최근 새로운 바이러스가 나타나면서 이전에는 없었던 질병이 생기고 있어요. 2003년 사스, 2015년 (㉠), 2020년 (㉡) 등은 모두 변종 코로나바이러스가 원인이 된 질병이지요. 이렇게 갑작스럽게 나타난 감염병은 백신과 치료제가 없기 때문에 빠르게 확산되지 않도록 모두가 주의를 기울여야 해요.

보기

메르스   에이즈   흑사병   에볼라 출혈열   코로나19

㉠ : _____   ㉡ : _____

정답 및 해설

1화

1. ①
…> 포목점에서 일하다가 현미경을 개발한 사람은 레이우엔훅이에요. (☞16~17쪽)

2. ③
…> 음식이나 물에 열을 가하면 그 속에 있는 균이 죽어 전염병을 막을 수 있기 때문이에요. (☞19쪽)

3. ①
…> 바이러스는 세균 여과기를 통과할 수 있으므로 세균보다 작아요. (☞20~21쪽)

4. ④
…> 제너는 천연두를 예방하기 위해 우두 바이러스를 이용했어요. 이렇게 미리 몸에 특정 균을 넣어 전염병에 걸리지 않도록 예방하는 것을 백신이라고 해요. (☞22~23쪽)

2화

1. ①, ③
…> 완전한 핵을 가지고 있는 생물은 진핵생물이에요. 원시적인 형태의 핵을 가진 생물이라 원핵생물이라 불러요. (☞35~36쪽)

2. 원핵생물계, 원생생물계, 균계, 식물계, 동물계
…> 현대 생물학에서는 생물을 각 특징에 따라 분류하여 크게 5가지로 나누고 있어요. (☞35~39쪽)

3. ②
…> 곰팡이는 균계에 속해요. (☞37~39쪽)

4. ㄹ → ㄴ → ㄱ → ㄷ
…> (☞41쪽)

3화

1. ①, ④
…> 버섯은 엽록체가 없어 스스로 영양소를 만들지 못하고, 다른 곳에 기생하여 영양분을 얻으므로 식물이 아니에요. 효모는 동그란 공 모양이에요. (☞52~53쪽)

2. ①-ㄴ, ②-ㄷ, ③-ㄱ
…> 김치, 된장, 치즈는 미생물을 이용한 발효 식품이에요. 김치의 새콤함은 젖산균 덕분이고, 된장의 구수함은 털곰팡이와 누룩곰팡이 덕분이지요. 블루치즈는 푸른곰팡이에 의해 만들어지는 발효 식품이에요. (☞54~55쪽)

3. ③
…> 발효 식품에는 곰팡이도 사용할 수 있어요. (☞54~55쪽)

4. 손 자주 씻기, 외출 시 마스크 착용하기, 주변을 청결하게 유지하기 등
…> 병을 일으키는 세균으로부터 우리 몸을 보호할 수 있는 방법을 생각해 봐요.
(☞56~57, 60~61쪽)

4화

1. ②
⋯ 지구에서 처음으로 산소를 내뿜기 시작한 세균은 남세균이에요. (☞70~71쪽)

2. ④
⋯ 뿌리혹은 모든 식물에 있지 않고, 콩과 식물에 있어요. (☞72~73쪽)

3. ①
⋯ 보통 세균이나 곰팡이는 추운 곳보다 더운 곳을 좋아해요. 지구 온난화로 인해 날씨가 점점 더워지고 있으므로, 세균과 곰팡이가 좋아하는 날씨가 되어 가고 있어요. (☞74~75쪽)

4. 자유롭게 조사하여 적어 봐요.
⋯ 큰 덩어리를 분해하여 작게 만드는 미생물을 분해자라고 해요. 이러한 미생물이 죽은 동식물을 분해하여 흙으로 만들어 주기 때문에 생태계 유지에 꼭 필요해요. (☞68~69쪽)

5화

1. ③, ④
⋯ 아기는 엄마의 몸에 있던 젖산균과 함께 세상 밖으로 나와요. (☞86쪽)

2. ③
⋯ 대장은 사람 몸에서 가장 다양한 종류의 세균이 살고 있는 곳이에요. (☞87~88쪽)

3. ②
⋯ 너무 피곤하거나 건강이 나쁘면 우리 몸의 면역 체계도 약해져 쉽게 병에 걸릴 수 있어요. (☞89~90쪽)

4. ④
⋯ 세균을 죽이는 약은 항생제, 바이러스를 죽이는 약은 항바이러스제예요. 약을 알맞은 방법으로 제대로 먹지 않으면 내성이 생길 수 있어요. (☞93쪽)

6화

1. ④
⋯ 환자들을 치료하는 건 의료 기관에서 하는 업무예요. (☞104~105, 109쪽)

2. ㉡ → ㉣ → ㉠ → ㉢
⋯ 약이 될 수 있는 후보 물질을 골라 여러 실험을 통해 최종 후보 물질을 정해요. 그다음 동물 몸에 넣어 독성과 효과를 살펴본 뒤, 마지막으로 사람에게 투여해요. (☞107쪽)

3. ①
⋯ 질병관리청 콜센터는 1339번이에요. (☞109쪽)

4. ㉠ 메르스 ㉡ 코로나19
⋯ 우리나라에 2015년에 퍼진 감염증은 메르스, 2020년에 퍼진 감염증은 코로나19예요. (☞105쪽)

찾아보기

ㄱ
감염 관리 전문가 ······················· 108~109
고세균 ································· 44~45
균류 ····························· 39, 52~53

ㄴ
남세균 ························· 36, 70~71

ㄷ
대식 세포 ································ 90
독감 바이러스 ···························· 92

ㅁ
메르스 ································ 112~113
면역력 ··································· 89
미생물학자 ··························· 104~105

ㅂ
바이러스 ··················· 21, 40~41, 91~93
발효 ································· 54~55
백신 ····································· 23
백혈구 ··································· 90
병원체 ··································· 89
분해자 ································· 68~69
B 세포 ··································· 90
뿌리혹박테리아 ·························· 72~73

ㅅ
신약 연구원 ··························· 106~107

ㅇ
예방 접종 ································ 61
원생생물 ······························ 37~39
원핵생물 ···························· 35, 37

ㅈ
전염 ································· 18~19
종두법 ··································· 23
진핵생물 ······························ 36~37

ㅊ
천연두 ································· 22~23

ㅌ
T 세포 ··································· 90

ㅍ
페니실린 ······························ 96~97
포자 ································· 52~53

ㅎ
항바이러스제 ···························· 93
항생제 ································ 91~93
흑사병 ································ 26~27

초등 교과 과정에 알맞게 개발한 통합교과 정보서

참 잘했어요 과학

하나의 과학 주제를 다양한 분야에서 살펴보는 통합교과 정보서입니다.
재미있는 스토리와 서술형 평가에 대비하는 워크북도 함께 실었습니다.
서울과학교사모임의 꼼꼼한 감수로 내용의 정확도를 높였습니다.

1 또 하나의 가족 **반려동물**
2 범인을 찾아라! **과학수사**
3 뼈만 남았네! **공룡과 화석**
4 과학을 타자! **놀이기구**
5 약이야? 독이야? **화학제품**
6 두 얼굴의 하늘 **날씨와 재해**
7 고수의 몸짱 비법 **운동과 다이어트**
8 이젠 4차 산업 혁명! **로봇과 인공지능**
9 과학을 꿀꺽! **음식과 요리**
10 외계인의 태양계 보고서 **우주와 별**
11 나 좀 살려 줘! **환경과 쓰레기**
12 시큼시큼 미끌미끌 **산과 염기**
13 시원해! 상쾌해! **화장실과 똥**
14 대비해! 대피해! **지진과 안전**
15 이게 무슨 소리?! **음악과 소음**
16 세상에서 가장 착한 초록 **반려식물**
17 가슴이 콩닥콩닥 **성과 사춘기**
18 눈이 따끔, 숨이 탁! **미세먼지**
19 미생물은 힘이 세! **세균과 바이러스**
20 그 옛날에 이런 생각을?! **전통과학**
21 땅속에서 무슨 일이?! **보석과 돌**
22 줄을 서시오! **원소와 주기율표**
23 드라큘라도 궁금해! **피와 혈액형**
24 불 때문에 난리, 물 때문에 법석! **기후 위기**
25 결정은 뇌가 하지! **뇌와 AI**
26 지켜 주지 못해 미안해 **멸종 동물**
27 생명이 꿈틀꿈틀! **바다와 갯벌**
28 가상에 쏙, 현실이 짠! **메타버스**
29 작지만 무서워! **미세 플라스틱**
30 세상이 번쩍, 생각이 반짝! **전쟁과 발명**
31 어제는 패션, 오늘은 쓰레기! **패스트 패션**

글 신방실 외 | 그림 시미씨 외 | 감수 서울과학교사모임
값 1~10권 10,000원, 11~25권 11,000원, 26~30권 13,000원